Rainer Prachtl
*Von Sankt Martin
bis Silvester*

Rainer Prachtl

Beiheft zum
Katholischen Hausbuch
Jahr des Herrn
1989

Von Sankt Martin bis Silvester

Kulinarisches
Brauchtum
zur Weihnachtszeit

St. Benno-Verlag
Leipzig

ISBN 3-7462-0275-2

© St. Benno-Verlag GmbH Leipzig 1988

Vorwort des Verlages

Im Kirchenjahr ist zweifellos die Advents- und Weihnachtszeit am populärsten und mit dem meisten Brauchtum verbunden. Hier wird es augenfällig, wie sehr schon unsere Vorfahren bemüht waren, ihren Glauben mit allen Sinnen zu leben und zu erleben. Der Duft der Weihnachtszeit ist unnachahmlich und unverwechselbar. Manches Brauchtum reicht noch in vorchristliche Zeit zurück. Es war so eng mit dem Leben verbunden, daß es nicht einfach abgeschafft werden konnte. So wurde es christlich umgedeutet und lebte mit neuem Sinngehalt fort durch die Jahrhunderte.

Die Vielfalt und der Reichtum weihnachtlichen Brauchtums konnten unmöglich im Hausbuch erfaßt werden, das ein Begleiter durch das ganze Kirchenjahr sein will und sich daher nicht nur einem Festkreis zuwenden kann. So konnte aus der Überfülle des Stoffes ein Ergänzungsband entstehen, ein Beiheft, das sich vor allem mit dem kulinarischen Brauchtum beschäftigt. Es geht nicht nur darum, verlorengegangenes Wissen um den Symbolgehalt von Speisen, Getränken und Gebäckformen anzubieten – und dazu natürlich auch bewährte Rezepte –, sondern es wird auch versucht, kulinarische Ausdrucksformen zu finden für unsere modernen Bedürfnisse und Anschauungen. Rainer Prachtl, der die Köche im kirchlichen Dienst ausbildet, nahm sich dieses Anliegens an. Er schrieb die Rezepte, die ihm besonders viel Freude machten, auf, damit bei großen und kleinen Feiern in Familie und Gemeinde recht viele in ihren Genuß kommen können.

Es war ihm ein Anliegen, wieder bewußt zu machen, was früher selbstverständlich war: daß der Glaube mit unserem ganzen Leben zu tun hat und folglich auch einen Geschmack haben muß. So ist dieses Buch eine willkommene Ergänzung zu den übrigen Veröffentlichungen des Verlages, die sich um eine intensivere Mitfeier des Kirchenjahres bemühen, besonders aber zum Hausbuch »Jahr des Herrn 1989«.

Der Verlag dankt allen, die in vielfältiger Weise dazu beitrugen, daß kulinarisches Brauchtum in unseren christlichen Familien in einem tieferen Verständnis neu belebt werden kann.

Oh,
es riecht gut!

Weihnachtlicher Backzauber –
gestern und heute

Gern denke ich an die Zeit, als meine Großmutter mit uns Kindern in der geräumigen Küche gebacken hat. Zur gemeinsamen Vorbereitung gehörte das Schälen der Mandeln, das Kneten und Formen des Teiges, das Verzieren und natürlich das Naschen. Besonders gut schmeckten frischgebackene Plätzchen, die immer in großen Blechdosen aufbewahrt wurden. Wie der grüne Adventskranz mit seinen Lichtern, wie die altvertrauten Lieder dieser Zeit, ja, wie der Schnee, die Dunkelheit und Kälte, so gehört der Duft von Zimt, Nelken, Anis, Ingwer und Koriander, der Duft nach Gebäck aus Mandeln, Nüssen und Honig zur Vorbereitung des Weihnachtsfestes. Viele Formen unseres Weihnachtsgebäckes sind uralt. Sie stammen aus der heidnischen Vorzeit, den Mittwinterfesten bzw. der geheimnisvollen Zeit der »Rauh-« oder »Rauchnächte«. Die von den Germanen gebackenen Gebildebrote stellten zum Beispiel Himmelskörper und Tiere dar. Die Brote wurden den Göttern geopfert oder gegessen. Sie sollten das Unheil vertreiben und das Gute erhalten. Während der Zeit der Christianisierung wandelten sich diese Bräuche. Die Gebildebrote bekamen eine christliche Bedeutung. Der Stollen wurde zum Symbol des in Windeln gehüllten Jesuskindes, die Brezel mit dem über Kreuz gelegten Teig zum Zeichen der christlichen Liebe und Gastfreundschaft, Wotan und Reiterfiguren auf Gebäcken zum Zeichen des hl. Nikolaus oder des hl. Martin. Unsere Vorfahren lebten das Kirchenjahr sehr bewußt. Die Feste der Jahreszeiten und des Kirchenjahres wurden harmonisch verbunden. Daraus erwuchs ein prägendes und anschauliches Brauchtum, auch wenn sich nicht alle Brauchtumsformen mit endgültiger Bestimmtheit erklären lassen. Da wir in den kulinarischen Genüssen oft nur noch äußere Dinge sehen, die uns trotz des Wohlgeschmackes unbedeutend erscheinen, könnte uns die Kenntnis der Legenden und das Sinnbildhafte des Brauchtums eine Hilfe sein, die Frohe Botschaft bewußter mit allen Sinnen aufzunehmen.

Doch bevor wir mit dem Backen beginnen, sollen uns einige einfache Hinweise die Arbeit erleichtern und möglichen Ärger ersparen helfen.

* Backzutaten müssen frisch und einwandfrei sein. Lagern sie zu lange oder sind anderweitig von schlechter Qualität, können sie das ganze Backwerk verderben.
* Eier immer vor dem Gebrauch prüfen, ob sie gut sind. Sie sollten vor der Verwendung einzeln über einer Tasse aufgeschlagen werden.
* Die verschiedenen Ausstechformen lassen sich durch Tassen, Gläser, Dosen, Kuchenrädchen oder Messer ersetzen. Es ist aber notwendig, sie ab und zu in Mehl zu tauchen, damit der Teig nicht hängenbleibt.
* Rosinen und Sultaninen handwarm waschen, mit Tüchern abtrocknen und in Mehl wälzen, dann sinken sie im Teig nicht zu Boden.
* Wird der Teig zu locker oder zu fest, kann es an der Größe der Eier liegen. Hier sollte nach Bedarf etwas mehr Mehl oder Flüssigkeit zugegeben werden.
* Lebkuchen werden besonders weich, wenn der Mehlmenge 10% Roggenmehl beigemischt wird.
* Gebäck mit Honig und Sirup ist nach dem Backen etwas härter. Dieses Gebäck sollte einige Tage offen an der Luft stehen, bis es genügend weich ist. Anschließend wird es in Blechdosen gelagert.
* Kleingebäck vorsichtig vom Blech lösen und erkalten lassen. Soll es knusprig bleiben, ist es sofort in verschließbaren Blechdosen zu lagern.
* Glasuren dürfen nie zu dick sein, da sie sonst zu schnell erstarren und ihre Streichfähigkeit verlieren. Zu dünne Glasuren laufen zu stark ab.
* Lebkuchen und Kleingebäck mit reichlich Gewürzzugabe schmecken am besten, wenn sie etwas lagern. Das Aroma verteilt sich dadurch gleichmäßig.
* Wenn Stollen nach dem Erkalten in Aluminiumfolie eingewickelt sowie kalt und trocken gelagert wird, bleibt er bis zu vier Wochen frisch. Das Aroma ist dann voll entfaltet.
* Plätzchen bleiben in Blechdosen weich, wenn eine Scheibe Brot hineingelegt wird.

Das richtige Maß:

1 normale Kaffeetasse	= 160 g Zucker 100 g Mehl $1/8$ l Flüssigkeit	8 Eßlöffel (EL)	= $1/8$ l
1 Eßlöffel	= 15 g Zucker 10 g Mehl 11 g Stärkemehl 15 g Fett	1 Teelöffel (TL)	= 5 g Salz 3 g Backpulver

Sankt Martin
ritt durch Schnee und Wind

Sankt Martin, Sankt Martin, Sankt Martin ritt durch Schnee und Wind ...« Gesang unzähliger Kinder in christlichen Gemeinden im ganzen Land. Das Martinsfest wird gefeiert.

Die Legende erzählt, daß Martin als Sohn eines römischen Offiziers um 317 in Ungarn geboren wurde. Wie sein Vater sollte er Soldat werden. Mit fünfzehn Jahren ging er zum römischen Heer. Um 335 soll Martin als römischer Offizier seinen Mantel mit einem frierenden Bettler geteilt haben. Aus Mitleid mit diesem Mann zerschnitt er seinen Mantel und gab die eine Hälfte dem Bettler.

Obwohl seine Eltern noch Heiden waren, ließ sich Martin im gleichen Jahr taufen und gab die Offizierslaufbahn auf. Er wurde Schüler des Bischofs Hilarius, bekehrte seine Mutter und lebte als Einsiedler auf einer kleinen Insel im Golf von Genua. Dann ging er nach Poitiers zu Hilarius zurück. Hier gründete er 361 das erste Kloster Galliens auf dem Gebiet des heutigen Frankreich.

Er führte ein schlichtes Leben und half, wo es not tat. Das Volk liebte ihn, und so wählte es Martin 371 zusammen mit dem Klerus zum Bischof von Tours. Er wohnte nahe bei Tours in dem von ihm gegründeten Kloster Marmoutier. Von hier aus verkündete er Armen und Reichen die Frohe Botschaft. Bischof Martin half Kranken und übte Gerechtigkeit gegen jedermann. 397 starb der beliebte Bischof. Am 11. 11. wurden seine sterblichen Überreste unter großer Anteilnahme Tausender Mönche und einer riesigen Volksmenge beigesetzt.

Schon seit dem 5. Jahrhundert wird der hl. Martin am 11. 11. als Nationalpatron der Franken hochverehrt. Da dieser Tag vor dem Adventsfasten lag, das der Bischof von Tours (491) für seine Diözese geboten hatte, wurde noch einmal allem üppig zugesprochen, was Küche und Keller zu bieten hatten. Da um diese Zeit die Gänse »reif« sind, gab es vor allem Gänsebraten. Die Kinder durften um süße Gaben bitten und bekamen Äpfel, Martinshörnchen und Martinsgänse als Gebäck. Dieses geht vermutlich auf eine Legende zurück, in der sich Martin im Gänsestall versteckte, als er zum Bischof gewählt werden sollte. Das Schnattern der Gänse soll ihn dann verraten haben.

Wenn es auch die sechswöchige Fastenzeit vor Weihnachten nicht mehr gibt, so verlockt dieser Tag doch immer noch zu fröhlicher Ausgelassenheit, wie die Elferratssitzungen beweisen. Auch manches kulinarische Brauchtum hat sich erhalten. Es ist meist einfaches Backwerk, das sich breite Schichten der Bevölkerung leisten konnten.

✳ 1 ✳

Martinshörnchen (Abb.)
(aus Hefeteig)

Wenn die Schüler der Thomasschule von Leipzig zum Martinssingen durch die Straßen zogen, erhielten sie dafür Martinshörnchen. Das Martinssingen gibt es kaum noch. Die Martinshörnchen aber sind nach wie vor eine begehrte Köstlichkeit am Festtag des heiligen Bischofs. Das Hörnchen hat die Form einer halbierten Brezel und erinnert so an den hl. Martin, der seinen Mantel mit dem Bettler teilte. Es ähnelt aber auch dem Abdruck von Pferdehufen, denn St. Martin wurde gewöhnlich als Reiter abgebildet. Als die Hufeisen aufkamen und zu Glückszeichen wurden, zählte das Hörnchen sicher zu den Gebäcken, die Glück bringen sollten.

500 g Mehl, 30 g Hefe, 1 Ei, 80 g Zucker, 60 g Margarine, 1 Prise Salz, 1 EL Rum oder Rumaroma, 1/4 l lauwarme Milch, 1 Eigelb.

Mehl in eine Schüssel geben, in die Mitte eine Vertiefung drücken und Hefe hineinbröckeln. Dann die Hefe mit 1 TL Zucker und 5 TL Milch sowie etwas Mehl gut verrühren. Diesen Vorteig mit Mehl bestäuben und 15 Minuten gehen lassen. Ei, Zucker, Margarine, Salz, Rum und Milch dazugeben und alle Zutaten miteinander verkneten, bis sich Blasen bilden und der Teig sich vom Schüsselrand löst. Teig am warmen Ort gut 30 Minuten gehen lassen, dann den Teig zum Rechteck formen, in spitzwinklige Dreiecke schneiden, Dreiecke rollen und zu Hörnchen formen. Nach dem Formen die Hörnchen auf ein gefettetes Backblech legen und noch einmal 15 Minuten gehen lassen. Das Eigelb und 2 EL Milch verquirlen und damit die Hörnchen bestreichen.

Backzeit: etwa 20 Minuten
Backhitze: 200–220 Grad

✳ 2 ✳

Martinsgänse (Abb.)

Der Brauch, zu Martini einen üppigen Gänsebraten zu essen, hat sich jahrhundertelang erhalten. Selbst in manchen Spitälern wurden Stiftungen gemacht, um eine Martinsgans zu kaufen. Der Gänsebraten gehörte schon in frühester Zeit zu den herbstlichen Festessen der Menschen, deren

Leben durch Ackerbau und Viehzucht bestimmt wurde. Heute finden wir im Martinsbrauchtum immerhin noch eine Erinnerung: die aus Hefe- oder Mürbeteig gebackenen Martinsgänse.

Hefeteig wie bei Martinshörnchen bereiten und zu einem Rechteck ausrollen. Jetzt mit einem Ausstecher oder mit Hilfe einer Pappschablone Gänse ausstechen, ausrädern oder frei formen. Die Gänse auf ein gefettetes Backblech legen, wie die Martinshörnchen weiter zubereiten.

3

Martinsgänse
(aus Mürbeteig)

250 g Mehl, 1/2 P Backpulver, 100 g Zucker, 1 P Vanillinzucker, 1 Prise Salz, 1 EL Zitronensaft, 1 Ei, 125 g Margarine, 1 Eigelb, 2 EL Milch.

Mehl und Backpulver mischen, auf die Arbeitsfläche geben und in die Mitte eine Vertiefung drücken. Zucker, Vanillinzucker, Salz, Zitronensaft und Ei hineingeben. Margarine in Flocken auf dem Mehlrand verteilen. Jetzt alle Zutaten rasch und gründlich zu einem glatten Teig verkneten und für 30 Minuten im Kühlschrank rasten lassen. Mürbeteig nicht zu dünn ausrollen und mit einem Ausstecher oder mit einer Schablone Gänse ausstechen oder ausrädern. Die Formen auf ein leichtgefet-

tetes Backblech legen, das Eigelb und die Milch verquirlen und die Gänse bestreichen.
Backzeit: etwa 15 Minuten
Backhitze: 200 Grad

4

Vanillehörnchen

250 g Butter, 130 g Puderzucker, 400 g Mehl, 1 Ei, 1 TL Backaroma Vanille, 1 P Vanillinzucker.

Butter und Puderzucker geschmeidig rühren, dann Mehl, Ei, Aroma, Vanillinzucker dazugeben. Alle Zutaten zu einem lockeren Teig verarbeiten. Fertige Teigmasse 60 Minuten kalt stellen, danach Teig zum Rechteck formen, in spitzwinklige Dreiecke schneiden, die gerollt zu Hörnchen geformt werden. Hörnchen auf ein ungefettetes Backblech legen. Die abgebackenen, erkalteten Hörnchen mit Puderzucker und Vanillinzucker bestreuen.
Backzeit: 20–30 Minuten
Backhitze: 180–200 Grad

5

Hefezopf

300 g Mehl, 25 g Hefe, 75 g Zucker, 75 g Margarine, 2 Eier, 1 Prise Salz, abgeriebene Schale einer halben Zitrone, 1/8 l lauwarme Milch, 1 Eigelb.
Mehl in eine Schüssel sieben, in die

Mitte eine Vertiefung drücken und die Hefe einbröckeln. Mit 1 TL Zucker und 4 EL Milch sowie etwas Mehl gut zum Vorteig verrühren. Zugedeckt 15 Minuten an einem warmen Ort gehen lassen. Restlichen Zucker, weiche Margarine, Eier, Salz, Zitronenschale und Milch in die Schüssel geben und alles zu einem geschmeidigen Teig kneten, bis sich Blasen bilden und der Teig sich vom Schüsselrand löst. Gut 30 Minuten gehen lassen, dann den Teig mit bemehlten Händen in drei gleiche Stücke teilen, zu etwa 4 cm breiten Streifen rollen und einen Zopf flechten. Auf ein gefettetes Backblech legen und noch einmal 20 Minuten gehen lassen. Dann mit verquirltem Eigelb bestreichen und in den vorgeheizten Backofen schieben.

Backzeit: 30 Minuten
Backhitze: 200 Grad
Tip: Der Hefezopf kann durch Zugabe von Mandelsplittern und Rosinen verfeinert werden.

Rosinenbrötchen

250 g Quark, 2 Eier, 1 EL Öl, 250 g Mehl, 1 P Backpulver, 1 Prise Salz, 1 EL Zucker, 70 g Rosinen.

Quark, Eier und Öl verrühren. Mehl und Backpulver sieben und mit Salz und Zucker unter den Quark rühren. Zuletzt die Rosinen dazugeben. Teig auf einem Brett zur Rolle formen und in Stücke schneiden. Die Stücke zu Brötchen formen und auf ein gefettetes Backblech setzen und im vorgeheizten Ofen goldbraun backen.

Backzeit: 20 Minuten
Backhitze: 200 Grad
Tip: Die Brötchen können vor dem Backen mit Kondensmilch oder Eigelb bestrichen werden.

Zitronenbrezeln

Brezeln gehören zu den Gebäcken, die schon vor Jahrhunderten in den Klöstern zubereitet wurden. Die ersten Klosterbrezeln wurden in Form verschlungener Arme gebacken. Daher die spätlateinische Bezeichnung »brachiatellum« (Ärmchen), aus dem das heute gebräuchliche Wort »Brezel« entstand. Ursprünglich brachte man die Brezeln in die Kirche zur Segnung, um sie beim Frühstück daheim zu verzehren. Brezeln waren auch immer ein Symbol der Verbundenheit und Unendlichkeit. Noch heute sind sie als Martins-, Weihnachts- oder Ostergebäck und ebenfalls als Neujahrsgruß in vielen Gegenden beliebt.

125 g Butter, 125 g Zucker, 2 Eigelb, abgeriebene Schale einer Zitrone, 1 EL Zitronensaft, 150 g Mehl, 50 g Stärkemehl. Für die Glasur: 150 g Puderzucker, 1–2 EL Zitronensaft.

Butter, Zucker und Eigelb schaumig rühren und die übrigen Zutaten nach und nach dazugeben. Den gut durchgekneteten Teig zu einer dünnen Rolle formen. Stücke von 10–15 cm Länge abschneiden und zu Brezelchen schlingen. Diese auf ein leicht gefettetes Backblech legen und im vorgeheizten Ofen hell backen. Für die Glasur den Puderzucker mit dem Zitronensaft glattrühren und damit die Brezelchen bepinseln.

Backzeit: 15 Minuten
Backhitze: 200 Grad

Die besten Christstollen der Welt

Den Christstollen weiß ich seit der Leipziger Studentenzeit dank meiner Wirtin und ihrer sächsischen Freundinnen besonders zu schätzen. Es war immer ein Ritual, wenn die Stollen gebacken und nach entsprechender »Reifezeit« in gemeinsamer Runde verkostet wurden. Ich freute mich, wenn ich daran teilnehmen durfte. Doch die Stollen wurden nicht nur für den eigenen Haushalt gebacken, sondern nach alter Tradition an Freunde und Verwandte verschickt.

Weil ich neugierig war, worauf die Stollenbäckerei zurückzuführen sein könnte, beschaffte ich mir Bücher und schlug nach. Dabei fand ich, daß unsere Vorfahren, die Germanen, bereits Gebildebrote buken. Es waren Sonnensymbole, Tiere, Fabelwesen u. a. Diese Brote wurden den Lichtgöttern geopfert. Mit der Christianisierung kam ein neues Gebildebrot auf – der Christstollen. Er wurde zunächst in Formen oder Modeln gebacken und zeigte ein Wickelkind mit herausschauendem Köpfchen. Wenn auch Christstollen schon lange nicht mehr in Formen gebacken werden, so sollen sie doch noch immer das Jesuskind darstellen. Die längliche puderzuckerweiße Form symbolisiert ein liebevoll in weiße Windeln gehülltes Kind.

Selbst alte Chroniken befaßten sich mit der Christstollenbäckerei. Erstmals erwähnt wurde der Stollen in einer Naumburger Urkunde von 1329. Papst Innozenz VIII. bestimmte 1491, daß die Einwohner der Stadt Freiburg, die einen Stollen backen, den zwanzigsten Teil eines Goldguldens zum Bau des Domes beisteuern müssen.

Ein anderes Beispiel stammt aus dem 17. Jahrhundert. Damals war während der adventlichen Fastenzeit die Verwendung von Butter untersagt. Auf Bitten sächsischer Hausfrauen wandte sich Kurfürst Ernst an Papst Urban VII. Dieser gestattete nun, daß während der Adventszeit zum Stollenbacken Butter verwendet werden darf. Die Antwort des Papstes lautete: »Sintemalen nun, daß euretwegen für Uns vorgegeben, daß in euren Herrschaften und Landen keine Oehlbäume wachsen und man das Oehles nicht genug, sondern viel zu wenig und nur stinkend habe, daß man dann teuer kaufen muß … bewilligen Wir inkraft dieses brifes, daß ihr Butter anstatt des Oehles ohne einige Pön frei und ziemlich gebrauchen möget.«

Und so wurden und werden auch heute noch mit Sorgfalt und Fleiß Stollen gebacken. Wie die Kurfürsten von Sachsen an ihre gekrönten Vettern in aller Welt Stollen verschenkten, verschicken heute die sächsischen Frauen die selbstgebackenen Stollen. Immer noch sind diese Weihnachtsbackwerke, vor allem die Dresdner Christstollen, die berühmtesten der Welt. Und trotzdem: Es gibt nicht *das* »Christstollenrezept«.

In Abhängigkeit von der wirtschaftlichen Lage wurde neben Butter auch Schmalz verwendet. Nicht immer gab es Rosinen, Mandeln, Gewürze ... Wie es im deutschsprachigen Gebiet viele Bezeichnungen für den Christstollen gibt, z. B. Striezel, Schliegchen, Schuren, Klaben ..., gibt es eine Vielzahl unterschiedlichster Rezepte. Aber die besten Rezepte kennen die sächsischen Hausfrauen!

✴ 8 ✴

Christstollen, einfach

1 kg Mehl, 80 g Hefe, 1/4 l lauwarme Milch, 180 g Zucker, 250 g Butter, 1 Prise Salz, 250 g Rosinen, 150 g kleinwürfelig geschnittenes Zitronat, 250 g gehackte Mandeln, 50 g zerlassene Butter zum Bestreichen und Puderzucker zum Bestäuben.

Mehl in eine Schüssel geben, in die Mitte eine Vertiefung drücken. Hefe einbröckeln, mit einigen Eßlöffeln Milch, 1 Prise Zucker und wenig Mehl zum Vorteig verrühren. Gut 20 Minuten am warmen Ort gehen lassen. Restliche Milch, Zucker, geschmolzene Butter, Salz zum Vorteig geben und mit dem Mehl verkneten, bis er ein fester Teig wird und sich vom Schüsselrand löst. Den Teig nochmals 30 Minuten warm stellen, dann die im heißen Wasser abgespül-

ten und getrockneten Rosinen, das Zitronat und die Mandeln in den Teig kneten und noch einmal 60 Minuten gehen lassen. Anschließend den Teig etwa 4 cm dick brotähnlich formen und nicht ganz in der Mitte der Länge nach mit der Hand eindrücken. Die kleinere Hälfte auf das größere Teigstück schlagen. Stollen auf ein gefettetes Backblech legen, nochmals gehen lassen, mit der Butter bestreichen und im vorgeheizten Ofen goldbraun backen. Danach gut mit Puderzucker bestreuen.
Backzeit: 70 Minuten
Backhitze: 200 Grad

✴ 9 ✴

Dresdener Christstollen (Abb.)
(Das Rezept meiner Wirtin)
1 kg Mehl, 100 g Hefe, 1/4 l lauwarme

Milch, 200 g Zucker, 400 g Butter, 1/2 TL Salz, 400 g Rosinen, 100 g feingehacktes Zitronat, 100 g feingehacktes Orangeat, 250 g gehackte Mandeln, abgeriebene Schale einer Zitrone, je eine Messerspitze Zimt, Kardamom und Muskatblüte, 3 EL Rum, 1 kleine Flasche Bittermandelaroma, 100 g zerlassene Butter zum Bestreichen sowie 100 g Puderzucker und 1 Vanillinzucker zum Bestäuben.

Einen Hefeteig herstellen (siehe Christstollen, einfach) und dabei die Gewürze (abgeriebene Zitronenschale, Zimt, Kardamom, Muskatblüte, Rum, Bittermandelaroma) unterkneten. Dann Rosinen, Zitronat, Orangeat und Mandeln in den Teig kneten und 60 Minuten am warmen Ort mit einem Tuch bedeckt gehen lassen. Zwei Stollen formen und auf ein gefettetes Backblech legen, nochmals gehen lassen und im vorgeheizten Ofen vorsichtig backen. Bei zu frühem Bräunen mit Aluminiumfolie oder Pergamentpapier abdecken.
Backzeit: etwa 80 Minuten
Backhitze: 180 Grad
Nach dem Backen den Stollen noch warm mit der zerlassenen Butter mehrmals bestreichen. Puderzucker und Vanillinzucker mischen und damit dick den Stollen bestreuen.
Tip: Stollen mindestens 1–2 Wochen lagern, damit sich das Aroma voll entfalten kann.

✴ *10* ✴

Mandelstollen

500 g Mehl, 40 g Hefe, 1/4 l lauwarme Milch, 150 g Zucker, 1 Prise Salz, 200 g Butter, 1 Ei, 200 g geschälte, geriebene Mandeln, etwas Bittermandelaroma, 1 EL Rum, 50 g zerlassene Butter zum Bestreichen, 50 g geschälte und blättrig geschnittene Mandeln zum Bestreuen und etwas Puderzucker zum Bestäuben.

Den Hefeteig wie üblich herstellen (siehe Nr. 8), dabei ist ein Ei mit den Zutaten zu verkneten. Dann die Mandeln unterkneten und den Hefeteig an einem warmen Ort etwa 40 Minuten gehen lassen. Einen Stollen formen, diesen auf ein gefettetes Backblech legen, nochmals gehen lassen, mit zerlassener Butter bestreichen und mit den blättrigen Mandeln bestreuen. Im vorgeheizten Ofen goldbraun backen. Den Stollen noch heiß mit Puderzucker bestreuen.
Backzeit: etwa 50 Minuten
Backhitze: 200 Grad

✴ *11* ✴

Rosinenstollen

500 g Mehl, 40 g Hefe, knapp 1/4 l lauwarme Milch, 80 g Zucker, 200 g Butter, 300 g mit 3 EL Rum getränkte Rosinen, 1/2 TL Salz, abgeriebene Schale

von ¹/₂ Zitrone, 50 g zerlassene Butter zum Bestreichen und 50 g Puderzukker zum Bestäuben.

Einen Hefeteig herstellen (siehe Nr. 8). Dann die in Rum getränkten Rosinen in den Teig kneten. Den gut durchgearbeiteten Hefeteig an einem warmen Ort etwa 40 Minuten gehen lassen. Einen Stollen formen, diesen auf ein gefettetes Blech setzen, nochmals gehen lassen und im vorgeheizten Ofen backen. Danach noch heiß mit zerlassener Butter bestreichen und dick mit Puderzucker bestäuben.
Backzeit: etwa 50 Minuten
Backhitze: 200 Grad

✳ 12 ✳

Großmutters Mohnstollen
(Schlesisches Rezept)
500 g Mehl, 40 g Hefe, ¹/₄ l lauwarme Milch, 100 g Zucker, 100 g Butter, 1 Ei, 1 Prise Salz.
Für die Mohnfülle: 250 g gemahlener, gebrühter Mohn, 150 g Zucker, 100 g Rosinen, 75 g gemahlene Mandeln, etwas geriebene Zitronenschale, 1 Messerspitze Zimt, 4 EL Milch.
Außerdem: 50 g zerlassene Butter zum Bestreichen und Zuckerguß von 150 g Puderzucker.
Hefeteig herstellen (siehe Nr. 8). Den Teig 30 Minuten gut gehen lassen, danach 1 bis 2 cm dick ausrollen und mit zerlassener Butter bestreichen. Die Zutaten für die Mohnfülle zu einer geschmeidigen Masse verrühren und auf den Teig streichen. Die Ränder freilassen. Den Teig mit der Fülle zusammenrollen, auf ein gefettetes Blech legen und nochmals gehen lassen. Dann mit zerlassener Butter bestreichen und im vorgeheizten Ofen backen. Puderzucker mit 3–4 EL heißem Wasser gut verrühren und auf den noch warmen Stollen streichen.
Backzeit: etwa 50 Minuten
Backhitze: 200 Grad

✳ 13 ✳

Quarkstollen
400 g Mehl, 1 P Backpulver, 200 g Quark, 1 Ei, 1 P Vanillinzucker, 175 g Zucker, 1 Prise Salz, etwas geriebene Zitronenschale, 175 g Butter, 150 g geschälte, geriebene Mandeln, 150 g Rosinen, 50 g Butter zum Bestreichen, 50 g Puderzucker zum Bestäuben.
Quark, Ei, Vanillinzucker, Zucker, Salz, geriebene Zitronenschale geschmeidig verrühren, gesiebtes Mehl und Backpulver zugeben. Mit der Butter zu einem Teig verarbeiten. Dann geriebene Mandeln und Rosinen unterkneten. Einen Stollen formen, den Teig in Längsrichtung einschneiden, auf ein gefettetes Backblech setzen und abbacken. Den noch warmen Stollen mit zerlassener Butter bestreichen und mit Puderzucker bestäuben.
Backzeit: 70 Minuten
Backhitze: 190 Grad

Besonders von den Kindern wird der Nikolaustag mit großer Spannung erwartet. Er bildet den Höhepunkt der Adventszeit.

Der Nikolaus, der am 6. Dezember Geschenke verteilt, erinnert uns an zwei historische Persönlichkeiten: an den Bischof Nikolaus, der im 4. Jahrhundert in Myra in Kleinasien lebte, und an den Abt Nikolaus von Sion, Bischof von Pinora, der im 6. Jahrhundert in Myra ein Kloster gründete. Im Laufe der Zeit haben sich die Wundertaten und Legenden der beiden Bischöfe miteinander verwoben.

Gern wird die Geschichte von den drei armen Schwestern erzählt, die nicht heiraten konnten, weil ihnen das Geld zur notwendigen Aussteuer fehlte. Da warf der hl. Nikolaus an einem Abend drei Beutel voll Geld durch ein offenes Fenster in ihr Gemach, und die Not war beendet. Einmal, so erzählt die Legende, herrschte in Myra eine große Hungersnot. Als die langersehnten Getreideschiffe sichtbar wurden, tauchten Seeräuber auf, die die Schiffe aus Ägypten kaperten. Die Forderung der Seeräuber war hart: »Wenn ihr am Leben bleiben wollt, so füllt ein Schiff mit Gold, dann sollt ihr das Getreide erhalten.« Das Volk war entsetzt. Die Leute opferten ihren letzten Schmuck. Es reichte nicht aus, das Boot zu füllen. Jetzt forderte der Befehlshaber der Seeräuberflotte für jedes fehlende Pfund Gold ein Kind, um es als Sklave verkaufen zu können. Da sprang der Bischof ein. Mit seinen Diakonen übergab er den Räubern den gesamten Kirchenschatz. Die Seeräuber segelten von dannen, und die Getreideschiffe konnten einfahren. Die Kinder und das ganze Volk waren gerettet.

Noch viele Legenden erzählen von den Wundertaten des Heiligen. Schon seit dem frühen Mittelalter wird der hl. Nikolaus als Kinderfreund und als Helfer in vielen Nöten verehrt. Wenige werden wissen, daß er nicht nur als Schutzpatron der Seefahrer, Flößer, Kaufleute, Bäcker und Tuchmacher gilt, sondern daß auch Gaukler, Landstreicher, Diebe und Fälscher seine Hilfe anriefen.

Noch heute erinnern die Nikolaikirchen in Handels- und Hafenstädten daran, welche Bevölkerungsgruppen den Schutz des Heiligen besonders erflehten.

Der hl. Nikolaus will Freude bringen. Gern werden Eltern die damit verbundenen Bräuche pflegen und bewahren. Hierzu gehört auch das kulinarische Brauchtum. So wurde dem Bischof Nikolaus zu Ehren das Gebildegebäck Spekulatius gebacken. Der Name kommt wahrscheinlich von dem lateinischen Wort »speculum«, was soviel wie Spiegel oder Abbild heißt. Auch kann es vom Wort Spekulator abgeleitet worden sein, weil der Bischof ein Spekulator – ein Beobachter – war. Auf diesen kleinen Gebäcken wurde oft die ganze Geschichte des Heiligen dargestellt.

✳ *14* ✳

Nikolausmännchen aus Lebkuchenteig

Dieses Backwerk ist am 6. Dezember eine besondere Freude für jung und alt. Sie sollen den heiligen Bischof selbst darstellen, und wenn wir das süße Gebäck essen, soll etwas von seiner Gesinnung der Hilfsbereitschaft in uns übergehen. Ursprünglich wurden die Männchen mit Mitra und Hirtenstab dargestellt. In manchen Gegenden wurde aus der Mitra eine Zipfelmütze und aus dem Hirtenstab eine Pfeife. Diese oft lustigen Figuren, die als Hefegebäck auch »Stutenkerle« genannt werden, sind auch am Martinstag beliebte Geschenke.

250 g Honig, 100 g Zucker, 75 g Butter, 1 TL Kakao, 2 TL Zimt, 1 Messerspitze gemahlene Nelken, 400 g Mehl, 1 TL Backpulver, 1 Prise Salz, 1 Ei, Fett für das Blech.
Für die Glasur: 200 g Puderzucker, 1 Eiweiß, 1 TL Zitronensaft.
Zum Verzieren: Nüsse, Trockenfrüchte, bunte Streusel.
Den Honig mit Zucker, Margarine und Kakao auf kleiner Flamme rühren, bis der Zucker aufgelöst ist. Mehl mit Backpulver, Gewürzen und Salz in einer Schüssel mischen, dann die abgekühlte Honigmasse dazugeben. Ei quirlen und ebenfalls einrühren, alles zum glatten Teig verkneten. Eine Stunde zugedeckt in den Kühlschrank stellen. Auf bemehlter Unterlage 5 mm dick ausrollen. Nikolausschablone aus Pappe auf den Teig legen und danach ausstechen. Im vorgeheizten Ofen backen. Männchen vom Blech lösen, eventuell nachschneiden und abkühlen lassen.
Zum Verzieren:
Eiweiß zu steifem Schnee schlagen, Zitronensaft beigeben und den Zucker unterrühren. Mit der Eiweißglasur Mütze, Bart und Augen spritzen oder andere Teile bestreichen. In die Augen können Rosinen gedrückt werden. Zur weiteren Verzierung können Mandeln, Streusel u. a. verwendet werden. Der Phantasie sind hierbei keine Grenzen gesetzt.
Backzeit: 10 Minuten
Backhitze: 200 Grad

Nikolausmänner

(aus Hefeteig)

500g Mehl, 30g Hefe, 2 EL Zucker, 1/4l lauwarme Milch, 75 g zerlassene Butter, 1 Prise Salz, 1 Eiweiß zum Kleben, 1 Eigelb zum Bestreichen, Rosinen, Korinthen und Mandeln zum Garnieren.

Mehl in eine Schüssel geben, in die Mitte eine Vertiefung drücken und Hefe hineinbröckeln. Dann die Hefe mit 1 Prise Zucker und 5 EL lauwarmer Milch sowie etwas Mehl verrühren. Diesen Vorteig 15 Minuten am warmen Ort gehen lassen. Milch, Butter, den restlichen Zucker und Salz dazugeben und alle Zutaten miteinander verkneten, bis sich Blasen bilden und der Teig sich vom Schüsselrand löst. Teig an einem warmen Ort so lange stehen lassen, bis er doppelt so hoch ist, ihn dann noch einmal durchkneten. Etwa 100g Teig zum Garnieren abnehmen. Den restlichen Teig auf bemehlter Fläche 1 cm dick ausrollen. Eine vorher gefertigte Schablone auflegen und die Nikolausmänner ausschneiden. Die Schablone sollte eine möglichst einfache Form haben. Das Gebäck auf ein gefettetes Backblech legen. Aus dem zurückbehaltenen Teig Kleidungsstücke (Stiefel, Mützen, Schals …) formen und mit wenig Eiweiß an die Figuren kleben. Gebäck nochmals gehen lassen, dann mit Eigelb bestreichen und nach Belieben mit Rosinen, Korinthen und Mandeln verzieren. Backblech in den vorgeheizten Ofen schieben.

Backzeit: 20 Minuten
Backhitze: 200–220 Grad

Spekulatius

Spekulatius ist ein Mürbeteig, der ausgestochen oder in Holz- bzw. Metallmodeln geformt wird. In alten Rezepten verzichtet man auf die Zugabe von Triebmitteln. Neuere Rezepte geben die Verwendung von Backpulver an. Alle Zutaten müssen beim Backen von Spekulatius gut gekühlt sein, bevor sie zu einem glatten Teig verarbeitet werden. Danach sollte der Teig einige Stunden kühl stehen.

Nun ein Rezept:

250g Mehl vermischt mit 1 TL Backpulver, 125g Butter, 250g Zucker, 1 großes Ei, 1 Prise Salz, 1 Prise Nelken, 1/2 TL Zimt, abgeriebene Schale von 1 Zitrone.

Mehl auf die Arbeitsfläche geben, in die Mitte eine Vertiefung drücken. Butter in kleinen Stückchen auf dem Mehl verteilen. Zucker, Ei, Gewürze in die Vertiefung geben. Zutaten zu einem Mürbeteig verkneten. 1 Stunde im Kühlschrank ruhen lassen. Danach ausrollen, Formen ausstechen und auf leicht gefettetem Blech backen.

Backzeit: 10 Minuten
Backhitze: 200 Grad

Bischofsbrot

An die heiligen Bischöfe der vorweih-
nachtlichen Zeit erinnert das Bischofsbrot. Es ist eine österreichische
Kuchenspezialität aus besten Zutaten.

6 Eier, 120g Puderzucker, 50g Mandeln, 50g Rosinen, 50g Orangeat,
125g Mehl, vermischt mit einer Messerspitze Backpulver, abgeriebene
Schale von 1 Zitrone, 1 Schuß Rum,
40g zerlassene, ausgekühlte Butter.
Eigelb und Zucker sehr schaumig
rühren. Nach und nach die feingehackten Mandeln, Rosinen, das klein-
gehackte Orangeat, die geriebene Zitronenschale und den Schuß Rum untermischen. Das mit Backpulver vermischte Mehl über die Masse sieben,
verrühren und den steifgeschlagenen
Eischnee unterziehen. Zum Schluß
die flüssige Butter untermischen. Der
Teig wird in eine gefettete, mit Mehl
bestäubte Kuchenform gefüllt und
im vorgeheizten Ofen gebacken. Gut
auskühlen lassen, dann schneiden.
Backzeit: 50 Minuten
Backhitze: 180 Grad

✶ 18 ✶

Pikante Bratäpfel

Heiße Bratäpfel sind genau das rich-
tige für den Nikolaustag. Allein
schon ihr unnachahmlicher Duft ver-
mittelt eine vorweihnachtliche Atmo-
sphäre. Bereits vor 2000 Jahren war
der Apfel als köstliche Frucht bekannt. Er war aber nicht nur zum
Reinbeißen da, sondern galt auch als
Symbol der Fruchtbarkeit. Seine rote
und seine bleiche Seite symbolisier-
ten Leben und Sterben und erinnerten auch an das Paradies und den Sün-
denfall.

Am Festtag des Bischofs Nikolaus
erinnern die Äpfel an die Geldbeutel
oder Goldklumpen, die der Bischof
den drei armen Schwestern schenkte.
10 säuerliche Äpfel, 20 Stück Würfelzucker, 50g Mandeln, 50g Rosinen,
10 TL Konfitüre (Beerenobst), 1/2
Glas Wein, 40g Butter.
Äpfeln mit einem Apfelausstecher
das Kerngehäuse entfernen. Ein
Stück Würfelzucker von unten in die
Äpfel stecken, Konfitüre und Rosinen mischen und damit die Äpfel füllen. Je ein Stück Zucker obenauf legen. Die gehäuteten Mandeln in
Stücke schneiden und in die Apfelschale stecken. Äpfel in eine mit Butter gefettete flache Auflaufform setzen. Butterflocken auf jeden Apfel
geben, Äpfel mit Wein benetzen und
im vorgeheizten Backofen backen.
Backzeit: 45 Minuten
Backhitze: 180 Grad
Tip: Zugabe von kalter oder warmer Vanille- und Schokoladensoße.

Die Lebkuchen
des Klosters Marienstern

In der DDR gibt es nur zwei Klöster, die die Reformation überstanden haben – die Zisterzienserinnenklöster Marienthal bei Ostritz und Marienstern in der Oberlausitz, das zum Ort Panschwitz-Kuckau gehört. Mein Interesse am kulinarischen Brauchtum führte mich in diese Klöster. Schwester Luitgardis, eine über achtzigjährige Zisterzienserin des Klosters Marienstern, gab bereitwillig Auskunft. Sie berichtete auch von den Gewürz- und Kräutergärten der Klöster. In ihnen wurden Jahrhunderte hindurch Pflanzen als Heilmittel gezüchtet. Diese Arznei- und Heilmittel verwendeten die Klosterbäckereien bei der Herstellung sogenannter Lebkuchen. Es waren somit Kuchen, denen eine heilende, zum Leben dienende Wirkung nachgesagt wurde. Dennoch wird vermutet, daß das Wort »leb« von dem lateinischen Wort »libum« herrührt, was mit Fladen oder Flachkuchen übersetzt werden kann.

Zur Weihnachtszeit wurde ein besonders wohlschmeckender Lebkuchen aus Honig, Mehl, vielen Gewürzen und Heilkräutern hergestellt. Diese Kuchen verteilte man Weihnachten im Kloster. Es war ein alter Brauch, jedem Gast zur Begrüßung Wein und Gebäck zu reichen. Das Backwerk sollte mit seinen heilenden Wirkstoffen ein Zeichen des Heils für alle Menschen zum Weihnachtsfest sein.

Die andere Bezeichnung Pfefferkuchen für diese Küchlein entstammt dem Hochmittelalter und hängt mit den damals sehr teuren Gewürzen zusammen, die aus dem Morgenland eingeführt wurden: allen voran der Pfeffer, der wegen des Transportweges und des scharfen Geschmacks teuer und kostbar war. Er galt als Statussymbol. Deshalb würzte man fast alle Speisen mit ihm, selbst süßes Backwerk. Wegen seiner Kostbarkeit wurden weiterhin alle morgenländischen Gewürze als Pfeffer bezeichnet.

In der Weihnachtszeit aber wurde nicht gespart. Bis heute hat sich der Brauch erhalten, Leb- und Pfefferkuchen mit sieben oder neun Gewürzen zu backen. Und das nicht ohne Grund, denn die Zahlen sieben und neun galten im Mittelalter als »heilige« Zahlen.

Zu den besonderen Zutaten des Advents- und Weihnachtsgebäckes gehören auch Nüsse, bunter Streuzucker und Mohn als Zeichen weihnachtlicher Freude.

All dies hat mir Schwester Luitgardis erzählt bzw. in alten Schriften gezeigt. So waren die Aufzeichnungen und Rezeptsammlungen der Schwester Blandina, die in der klostereigenen Hauswirtschaftsschule – gegründet 1826 – unterrichtete, eine wahre Fundgrube.

Schwester Luitgardis erzählte mir zum Abschied noch folgende Geschichte: »In der Weihnacht, als die Hirten auf dem Felde den Stern sahen, gingen sie eilends nach Betlehem. Aus Freude über das Jesuskind vergaßen sie ihre Brotfladen im Erdofen. Erst auf dem Rückweg erinnerten sie sich daran. Der Teig mußte völlig verbrannt und verkohlt sein. Aber als sie im Morgengrauen den Backofen öffneten, duftete es gar lieblich. Statt des verkohlten Brotes hielten sie ein dunkles Gebäck in den Händen. Hungrig brachen es die Hirten in Stücke und verteilten eine Kostprobe an Verwandte und Freunde. Zur Erinnerung daran backen wir heute noch zur Christnacht kleine, liebliche, flache Honigkuchen.«

★ 19 ★

*Pfefferkuchenrezept
des Klosters Marienstern*

(Originalrezept)
Zirka acht Wochen vor Weihnachten backen und in Blechdosen aufbewahren, damit sie mürbe werden.
6 Eier mit 1 1/2 Pfund Zucker tüchtig klopfen, 2 kleine Tassen Honig lauwarm dazugeben. 2 1/2 Pfund Mehl, meistens etwas mehr unterziehen, bis es ein derber Teig ist. Nach Geschmack gebe man gestoßenen Zimt, Nelken, abgeriebene Zitronenschale und 2 EL in heißem Wasser aufgelöste Pottasche, 1/2 Pfund gewiegte Nüsse und ebensoviel Zitronat hinzu. Die Gewürze, Nüsse usw. gehören in den Teig, bevor er derb wird. Von dieser Menge, die kräftig durchgewirkt werden muß, werden große Flächen ausgerollt und mit einem Weinglas runde Kuchen ausgestochen, auf ein mit Speckschwarte abgeriebenes Blech getan und hellbraun, nicht zu hart gebacken.

★ 20 ★

Nürnberger Lebkuchen

Lebkuchenrezepte waren vielfach bestgehütete Geheimnisse von Klöstern, bis ihre Herstellung gewerbsmäßig von Bäckerinnungen übernommen wurde. Als man noch vorwiegend Honig zum Süßen verwendete, gehörten sie zu den teuren Backwaren. Die größten Lebküchnereien gab es in Nürnberg, das für seinen Honig berühmt war. So hat schon Kaiser Karl IV. die Zeidlerwiesen im Reichswald um die Stadt Nürnberg als »des Kaisers Reichsbienengarten« bezeichnet. Die Nürnberger Lebkuchen sind ebenso berühmt wie die Dresdener Stollen und werden tonnenweise in alle Welt verschickt.

4 Eier, 250 g Zucker, 50 g feingehacktes Orangeat, 50 g feingehacktes Zitronat, 125 g feingehackte Mandeln, 250 g Mehl, 1/2 Päckchen Backpulver, 1/2 TL Zimt, 1 Messerspitze Kardamom, 1 Messerspitze Muskatblüte, runde Oblaten.

Eier und Zucker schaumig rühren (z. B. mit dem elektrischen Handmixer). Nach und nach die anderen Zutaten dazugeben, wobei die Gewürze und das Backpulver vorher unter das Mehl gemischt werden. Die Lebkuchenmasse auf die Oblaten verteilen und über Nacht rasten lassen. Danach im vorgeheizten Ofen backen.

Backzeit: 30 Minuten
Backhitze: 175 Grad
Tip: Nürnberger Lebkuchen können jeweils zur Hälfte mit weißer Zucker- und Schokoladenglasur überzogen und mit Mandeln garniert werden.

✶ 21 ✶

Elisenlebkuchen

Den Nürnberger Lebkuchenbäckern verdanken wir die besonders feinen Elisenlebkuchen. Diese ungemein aromatischen Lebkuchen sind sozusagen die Krönung unter den »Nürnbergern«.

2 Eier, 200 g Zucker, 1 P Vanillinzucker, je eine Messerspitze gemahlene Nelken, Muskatblüte und 1/2 TL Zimt, 75 g feingehacktes Zitronat, 125 g gemahlene Mandeln mit einer Messerspitze Backpulver vermischt, 100–150 g gemahlene Haselnüsse, 40 Oblaten (Durchmesser 6 cm).

Für die helle Glasur: 150 g Puderzucker, 1–2 EL heißes Wasser.

Für die dunkle Glasur: 100 g Puderzucker, 20 g Kakao, 20 g Kokosfett, 2–3 EL heißes Wasser.

Eier schaumig schlagen, nach und nach Zucker und Vanillinzucker hinzugeben, weiter schlagen, bis eine kremartige Masse entstanden ist. Gewürze und Mandeln unterrühren. Dann nur so viel Haselnüsse dazugeben, daß ein streichfähiger Teig entsteht. Auf jede Oblate einen gehäuften Teelöffel des Teiges geben. Dabei einen Rand von 1/2 cm stehen lassen. Backoblaten auf ein Blech legen und im Ofen goldgelb backen. Für den hellen Guß Puderzucker und heißes Wasser zu einer streichfähigen Masse verrühren.

Für den dunklen Guß Puderzucker und Kakao mischen. Das heiße Wasser und dann das Kokosfett in den Puderzucker rühren. Den hellen und den dunklen Guß auf die leicht gekühlten Kuchen streichen.

Backzeit: 25 Minuten
Backhitze: 150 Grad
Tip: Elisenlebkuchen sind ein besonders feines Gebäck. Sie sollten mit Mandeln oder Belegkirschen verziert werden.

✴ 22 ✴

Haselnußlebkuchen

4 Eier, 300g Zucker, 1 P Vanillinzuk-
ker, 1/2 TL Zimt, 1 Messerspitze Nel-
kenpulver, 1 EL Stärkemehl, 300g geriebene Haselnüsse, mittelgroße
Oblaten.

Aus Eiern, Zucker, Vanillinzucker
eine gute Schaummasse schlagen. Gewürze, Stärkemehl und die geriebenen Haselnüsse unterrühren. Masse
1 1/2 cm dick auf die Oblaten streichen, 2 Stunden ruhen lassen und
dann im vorgeheizten Ofen langsam
backen.
Backzeit: 25 Minuten
Backhitze: 150 Grad

✴ 23 ✴

Schokoladenlebkuchen

4 Eiweiß, 300g Zucker, 150g geriebene Mandeln, 100g geriebene Haselnüsse, 60g feingehacktes Zitronat
oder Orangeat, 70g geriebene Schokolade, 50g Mehl vermischt mit 1/2
TL Backpulver, mittelgroße Oblaten.
Für die Glasur: 75g Schokolade, 10g
Kokosfett.
Zum Verzieren: Bunte Streusel.
Eiweiß sehr steif schlagen, Zucker
untermengen und 10–15 Minuten
rühren. Nach und nach die übrigen
Zutaten dazurühren. Die Masse
1 1/2 cm dick auf die Oblaten strei-

chen, aufs Backblech legen, über
Nacht ruhen lassen. Am anderen Tag
in den vorgeheizten Ofen geben.
Schokolade in Stücke brechen, mit
dem Kokosfett in einem kleinen Topf
im Wasserbad geschmeidig rühren.
Erkaltete Schokoladenlebkuchen gla-
sieren und mit bunten Streuseln bestreuen.
Backzeit: 20 Minuten
Backhitze: 150 Grad

✴ 24 ✴

Dominosteine (Abb.)

250g Honig, 250g Zucker, 60g Butter, 4 EL Kakao, 1 TL Zimt, 1 Messerspitze Nelken, 625g Mehl, 1 Ei, 10g
Hirschhornsalz, 5g Pottasche, 1/8 l
Wasser, 50g feingehacktes Zitronat,
50g feingehackte Mandeln.
Zur Füllung: 1 Glas Aprikosenkonfi-
türe oder Johannisbeergelee und
Marzipanmasse (siehe Marzipanre-
zepte Nr. 39 und 40).
Für die Glasur: 250g Schokolade,
60g Kokosfett.
Honig, Zucker und Butter im Topf
erwärmen und wieder leicht abkühlen. In die lauwarme Masse das Ei,
Kakao, Gewürze und das Mehl einrühren. Das Hirschhornsalz und die
Pottasche getrennt mit dem Wasser
auflösen und mit den restlichen, gehackten Zutaten alles zu einem Teig
verarbeiten. Diesen Teig 2 cm dick auf
ein gefettetes Backblech legen und im

vorgeheizten Ofen backen. Die abgekühlte Gebäckplatte halbieren und eine Hälfte davon mit Konfitüre oder Gelee bestreichen. Eine Marzipanmasse herstellen und diese auf die Konfitüre streichen (oder eine Marzipanplatte darauflegen). Auf diese Schicht wieder Konfitüre streichen und die andere Gebäckplatte darauf legen. Das Gebäck in $2^{1}/_{2} \times 2^{1}/_{2}$ cm große Würfel schneiden. Die Schokolade in Stücke brechen, in einem Topf mit dem Kokosfett im Wasserbad langsam schmelzen, die Würfel hineintauchen und zum Trocknen auf ein Ablaufgitter bzw. Pergamentpapier setzen.

Backzeit: 20 Minuten
Backhitze: 180–200 Grad

Tip: Die Dominosteine können auch ohne Marzipanmasse zubereitet werden. Dann sollten die obere Fläche und die Seiten der Würfel vor dem Eintauchen in den Schokoladenguß mit Gelee bestrichen werden.

✷ 25 ✷

Thorner Kathrinchen

Thorner Kathrinchen haben ihren Namen zu Ehren der heiligen Katharina erhalten. An ihrem Namenstag, dem 25. November, wurde in Thorn (im ehemaligen Westpreußen, heute VR Polen: Torun) mit der Zubereitung begonnen. Zum Ausstechen werden Kathrinchenformen, die an das Gewand einer Nonne erinnern, verwendet.

250 g Honig, 60 g Zucker, 60 g Butter, 1 Prise Salz, $^{1}/_{2}$ TL Zimt, je 1 Messerspitze Kardamom und Ingwerpulver, 1 Eigelb, 250 g Mehl, 100 g Stärkemehl, 1 TL Pottasche.

Honig, Zucker und Butter in einen Topf unter Rühren zum Kochen bringen, die Gewürze einrühren und die Masse abkühlen lassen. Eigelb, die in Wasser gelöste Pottasche sowie das Mehl beigeben und unter den Teig arbeiten. 3 Stunden zugedeckt warm stehen lassen, darauf den Teig $^{1}/_{2}$ cm dick ausrollen und Kathrinchen ausstechen. Auf ein gefettetes, bemehltes Backblech legen und im vorgeheizten Ofen backen. Die Kathrinchen können mit weißer Zuckerglasur bestrichen werden.

Backzeit: etwa 15 Minuten
Backhitze: 200 Grad

✷ 26 ✷

Pfeffernüsse

Der Name Pfeffernüsse stammt noch aus dem Mittelalter, als die Segelschiffe aus Indien und von den Gewürzinseln viele Gewürze herbeibrachten, die zu hohen Preisen gehandelt wurden. So war der »Pfeffer« als Zugabe zum Christgebäck gerade gut genug. Es wurde nicht gespart. Man aß eben Pfeffernüsse.

150g Honig, 75g Zucker, 150g Butter, 350g Mehl vermischt mit 2 TL Backpulver, 1/2 TL Zimt, abgeriebene Schale je 1/2 Zitrone und Orange, je 1 Messerspitze Kardamom, Nelken und weißer Pfeffer.
Für die Glasur: 150g Puderzucker, 2 EL Zitronensaft.
Honig, Zucker und Butter aufkochen und abkühlen lassen. Mehl mit dem Backpulver vermischen, auf ein Backbrett sieben, in die Mitte eine Vertiefung drücken und die Honigmasse sowie die Gewürze hineingeben. Von der Mitte aus die Zutaten zu einem glatten Teig kneten, etwa 1 cm dick ausrollen und nußgroße runde Stücke (3 cm Durchmesser) ausstechen, auf ein gefettetes Backblech setzen und im vorgeheizten Ofen backen. Puderzucker mit dem Zitronensaft geschmeidig verrühren und die warmen Pfeffernüsse bestreichen.
Backzeit: 20 Minuten
Backhitze: 180 Grad

Luziabräute und Luziabröd

Am 13. Dezember ist Luziatag. In der Legende wird berichtet, daß Luzia das einzige Kind der adligen christlichen Witwe Eutychia war. Kein Arzt konnte ihrer Mutter helfen, die unter Blutfluß litt. Voll Zuversicht wallfahrtete Luzia mit ihrer Mutter zum Grabe der heiligen Agatha nach Catania. Hier erschien ihr die Heilige, die zu ihr sagte: »Meine Schwester, warum verlangst du von mir, was du selbst deiner Mutter gewähren kannst? Dein Glaube hat sie geheilt!«

Voll Freude über die wiedererlangte Gesundheit erreichte Luzia von der Mutter, daß sie ihre Mitgift an die Armen verschenken durfte. Gleichzeitig weihte sie sich, dem Beispiel der hl. Agatha folgend, dem jungfräulichen Leben. Das erzürnte den Bräutigam, der ein heidnischer Jüngling war. Er zeigte sie bei dem Statthalter Paschasius an, sie sei eine Christin und des Todes schuldig. Luzia gab Paschasius beim Verhör offene und kühne Antworten. Deshalb befahl er, Luzia in ein öffentliches Haus zu bringen, damit sie ihre Keuschheit verliere. Diese und andere Erniedrigungen, selbst Feuerqualen, sollen ihr keinen Schaden zugefügt haben. Paschasius ließ sie deshalb mit einem Dolch töten.

Die hl. Luzia – »die lichtvolle, leuchtende« – Märtyrerin des sonnigen Südens ist bis heute die Schutzheilige von Syrakus. Vor allem Blinde, Glaser und Näherinnen rufen ihre Fürsprache an. Besonders in Skandinavien, vornehmlich in Schweden, wird der Luziatag festlich begangen. Hier heißt der Tag Mutternacht oder Nacht der Mütter. Luzia ist die Lichtträgerin, die auf kommendes Leben hinweist. Die Dunkelheit des nordischen Winters mag wohl zur großen Bedeutung dieses Tages beigetragen haben. Deshalb gibt es noch heute in einigen Familien Schwedens den Brauch, daß eine unverheiratete Tochter für diesen Tag als »Luziabraut« ausgestattet wird. Als Symbol trägt sie im Haar einen flackernden Lichtkranz. Frühmorgens kommt sie in einem langen weißen Nachthemd mit einem Frühstückstablett ins Schlafzimmer. Sie bringt damit etwas Licht in das winterliche Dunkel und verwöhnt ihre Familie mit einem leckeren Frühstück.

Süße, längliche Brötchen, Gewürzkuchen oder Kognakringe sind beliebte Gebäcke zum Luziatag. Was am 13. Dezember nicht fehlen darf, ist das Luziabröd.

⋆ 27 ⋆

Luziabröd

700 g Mehl, 60 g Hefe, 80 g Zucker, 1/4 l lauwarme Milch, 1 Prise Salz, 2 Eier, 100 g Margarine.

Zum Verzieren: Rosinen oder Korinthen.

Zum Bestreichen: 2 Eigelb.

Mehl in eine Schüssel sieben, in die Mitte eine Mulde drücken, Hefe hineinbröckeln, mit etwas Zucker und Milch verrühren und mit etwas Mehl vom Rand zum Vorteig rühren. Zugedeckt an einem warmen Ort 15 Minuten gehen lassen. Restliche Milch, Salz, 2 ganze Eier, den restlichen Zucker am Schüsselrand verteilen. Margarine in einem Topf schmelzen und dazu geben. Von der Mitte aus alle Zutaten zu einem Teig kneten und solange schlagen, bis sich Blasen bilden. Zugedeckt 30–40 Minuten gehen lassen. Auf einem bemehlten Arbeitstisch aus dem Teig daumendicke, 15 cm lange Rollen formen, zu Schnecken, Brezeln und Spiralen drehen. Mit verquirltem Eigelb bestreichen und mit gewaschenen Rosinen oder Korinthen garnieren. Gebäckstücke auf ein gefettetes Backblech legen und im vorgeheizten Ofen backen.

Backzeit: 15 Minuten
Backhitze: 200–220 Grad

⋆ 28 ⋆

Gewürzkuchen
(Kryddkaka)

170 g Butter, 250 g Zucker, 1 Ei, 1/8 l Buttermilch, je 1/2 TL Zimt, Nelken, Anis und Kardamom, 300 g Mehl vermischt mit 3/4 P Backpulver.

Butter und Zucker mit dem Ei schaumig rühren. Die Buttermilch langsam hineingeben und unterrühren. Dann das Mehl und die Gewürze untermengen. Teig in eine gefettete Kastenform füllen. Im vorgeheizten Ofen backen. Erst in Stücke schneiden, wenn er ganz abgekühlt ist.

Backzeit: etwa 80 Minuten
Backhitze: 180 Grad

⋆ 29 ⋆

Schwedische Brötchen
(Lusse Kattor)

40 g Hefe, 1/4 l lauwarme Milch, 1 Ei, 150 g Butter, 1 Prise Salz, 150 g Zucker, 700 g Mehl, 50 g feingehackte Mandeln, 120 g Rosinen.

Zum Bestreichen: 1 Ei.

Zum Bestreuen: Puderzucker, geraspelte Mandeln.

Die Hefe zerbröckeln, mit etwas Milch anrühren, das Ei unterrühren. Butter mit der restlichen Milch leicht erwärmen, Salz, Zucker hinzufügen und zur Hefe geben. Mehl nach und nach untermengen, einen Teig kneten, 30 Minuten an einem warmen

Ort bis zur doppelten Menge aufgehen lassen. Mandeln und Rosinen mit dem Teig verkneten, längliche Brötchen formen, auf ein gefettetes Backblech geben, 20 Minuten gehen lassen, mit verquirltem Ei bestreichen, mit geraspelten Mandeln bestreuen und im vorgeheizten Ofen goldgelb backen. Danach mit Puderzucker bestreuen.
Backzeit: etwa 20 Minuten
Backhitze: 200 Grad

 ★ *30* ★

Kognakringe
(Konjakskransar)
225 g Butter, 100 g Zucker, 2 EL Weinbrand, 350 g Mehl, 1 Prise Salz.
Die angegebenen Zutaten gut miteinander vermischen, einen Knetteig herstellen und diesen 1/2 Stunde kaltstellen. Danach messerrückendick ausrollen und schmale Streifen formen. Streifen werden zu Ringen geformt, auf ein leicht gefettetes Blech gelegt und im vorgeheizten Ofen goldbraun gebacken.
Backzeit: etwa 12 Minuten
Backhitze: 190 Grad

Von Hutzelbrot und
Pflastersteinen

Die Christstollen und die Lebkuchen sowie das Gebäck zum Martins- und Nikolaustag sind groß und klein bekannt. Damit sind aber die christlich-kulinarischen Bräuche der Weihnachtszeit noch nicht erschöpft.

So wurde zum 21. Dezember, dem Festtag des heiligen Thomas, das Hutzelbrot gebacken. Hutzeln sind gedörrte Birnen, die neben Backpflaumen (Zwetschgen), gedörrten Äpfeln, Aprikosen, Rosinen, Nüssen und vielen anderen Zutaten in dieses Brot kamen und ihm den Namen gaben. Früher schickten heiratswillige Burschen am Thomastag dem auserwählten Mädchen das Hutzel- oder Kletzenbrot. Nahm das Mädchen die Gabe an, galt es als Liebeserklärung.

In Österreich, besonders im Alpenraum, darf dieses Früchtebrot im Hause des Bauern auch heute noch nicht fehlen. Hier wird es feierlich am Heiligen Abend angeschnitten, und am Stefanitag kommen die Jungen zu ihren Mädchen, um deren Hutzelbrot anzuschneiden. Der Hochzeitstag soll dann meist nicht mehr fern sein.

Der Stefanitag wird am zweiten Weihnachtstag begangen. Der heilige Stephanus, der erste Märtyrer der Kirche, wurde um seines Glaubens willen gesteinigt. Deshalb gehören zum weihnachtlichen Brauch die Pflastersteine, auch Moppen genannt, die symbolisch an die Steinigung erinnern sollen. Es sind runde Lebkuchen, die das Kopfsteinpflaster der Straße darstellen.

Zu Ehren des Evangelisten und Jüngers Johannes, dessen Fest auf den 27. Dezember, den 3. Weihnachtsfeiertag, fällt, wurden Pfannkuchen gebacken. Dieser Brauch knüpft an die Legende, nach der Johannes in der Christenverfolgung unter Domitian in einen Kessel mit siedendem Öl geworfen und dann wunderbar gerettet wurde.

In der Überlieferung heißt es weiter, daß man Johannes einen Kelch mit vergiftetem Wein reichte. Er soll ihn gesegnet und ohne Schaden getrunken haben. Dem Heiligen zu Ehren wurde deshalb die »Johannesminne« gebräuchlich, die mit dem althochdeutschen Wort »minon« = »lieben« zusammenhängt. Der Reformator Martin Luther pflegte die Johannesminne nicht nur am Johannestag zu

trinken, sondern oft als Abschiedstrunk vor Reisen. Bevor er den Becher leerte, äußerte er folgenden Wunsch: »Werdet erfüllt mit der Liebe des Johannes – im Namen des Vaters und des Sohnes und des Heiligen Geistes. Amen.« Der Johannestrunk war ein süßes, punschartiges Getränk. Bis heute hat sich bei uns die Sitte erhalten, besonders am Silvesterabend geladenen Gästen Pfannkuchen und Punsch anzubieten.

Das letzte große Fest der Weihnachtszeit ist am 6. Januar das Fest der Erscheinung des Herrn oder der Heiligen Drei Könige aus dem Morgenland. Unter den Gaben, die die Weisen dem Kind in der Krippe brachten, ist es die Myrrhe, die Anlaß gab zu kulinarischem Brauchtum. Myrrhe, auch in der Leidensgeschichte Christi erwähnt, ist das wohlriechende Harz eines in arabischen Staaten gedeihenden Gewächses. Man verwendete den Saft, die heute noch gebräuchliche Myrrhentinktur, um Menschen vom Schmerz zu befreien.

Ein aus Myrrhe hergestelltes bittersüßes Konfekt fand im 9. Jahrhundert in Venedig Erwähnung. Zwei Kaufleute überführten 829 n. Chr. die Gebeine des Markus von Ägypten in diese Stadt, deren Schutzpatron er wurde. In Venedig erhielt die neue Süßigkeit den Namen marci panis, also »Markusbrot«, kurzum Marzipan genannt. Während der Kreuzzüge brachten Ritter des Deutschen Ordens das Markusbrot auch in ihre deutschen Heimatgegenden. Das Marzipan war sehr beliebt, und so überstieg die Nachfrage bei weitem das Angebot, da es sehr schwer war, Myrrhensaft zu bekommen. So wurde aus Mandeln und Milch ein ähnliches Konfekt geschaffen. Ob dies zuerst in Königsberg oder Lübeck gelang, ist nicht mehr nachzuweisen. Es trat aber seinen Siegeszug um die Welt an und erinnerte bitter und süß an die Myrrhe, die kostbare Gabe für das Christkind.

★ *31* ★

Hutzelbrot (Abb.)

250 g gedörrte Birnen (Hutzeln), 300 g Backpflaumen, 150 g Feigen, 3/8 l Wasser, 250 g Mehl, 1 P Backpulver, 3 EL Zucker, 1 Messerspitze Nelken, Muskat, Ingwer, Zimt, 1 Prise Salz, 1 EL Weinbrand, 3 EL Kochwasser von Dörrobst, 70 g gehackte Mandeln, je 60 g feingehacktes Zitronat und Orangeat, 100 g Rosinen, etwas Kochwasser zum Bestreichen. Birnen, Pflaumen und Feigen über Nacht im Wasser quellen lassen. Am nächsten Tag kurz aufkochen und Früchte auf ein Sieb zum Abtropfen geben. Pflaumen entsteinen und alle Früchte in kleine Stücke schneiden. Mehl und Backpulver auf ein Backbrett sieben und in die Mitte eine Vertiefung drücken. Zucker, Gewürze und Weinbrand hinzugeben und mit wenig erkaltetem Kochwas-

ser (3 EL) und einem Teil des Mehls zu einem dicken Brei verarbeiten. Dann Obst, Mandeln, Zitronat, Orangeat und Rosinen hinzugeben und von der Mitte aus schnell zu einem Teig formen. Aus diesem Teig ein oder zwei Laibe formen und auf gefettetem Blech backen. Das noch warme Hutzelbrot mit Kochwasser bestreichen.
Backzeit: 75 Minuten
Backhitze: 180 Grad

✳ 32 ✳

Schwäbisches Hutzelbrot

2 Eier, 125 g Zucker, 1 Prise Salz, 1 TL Zimt, 1 EL Rum, 125 g Mehl, 1/2 P Backpulver, 50 g Nüsse (Mandeln, Haselnüsse), 250 g zerkleinertes gedörrtes Obst (Äpfel, Aprikosen, Birnen, Pflaumen), 50 g Rosinen, 25 g Zitronat.

Eier, Zucker, Gewürze, Mehl und Backpulver in einer Schüssel zu einem glatten Teig rühren, einmal quer durchgeschnittene Mandeln und grobgehackte Nüsse, Dörrobst, Rosinen und Zitronat unterrühren und zum Teig verarbeiten. Den Teig in eine gefettete Kuchenform füllen.
Backzeit: 80 Minuten
Backhitze: 180 Grad
Tip: Das Hutzelbrot kann mit flüssiger Schokolade oder einer hellen Rumglasur überzogen werden. Als Garnierungselemente sind Nüsse und Belegkirschen geeignet.

✳ 33 ✳

Pflastersteine I (Abb.)

250 g Honig oder Sirup, 100 g Zucker, 50 g Butter, 1 EL Wasser, 1 Ei, 1 gestrichener TL Zimt, 1 Messerspitze Nelken, 500 g Mehl, 4 gestrichene TL Backpulver, 50 g feingehackte Mandeln, 30 g feingehacktes Zitronat oder Orangeat.
Zum Bestreichen: Milch.
Zum Bestreuen: grober Zucker.

Honig, Zucker, Butter und Wasser langsam erwärmen, zergehen lassen und in eine Rührschüssel geben. In die fast erkaltete Masse das Ei, die Gewürze und 2/3 des mit Backpulver vermischten Mehls löffelweise einrühren. Danach den Rest des Mehls mit den Mandeln, Zitronat oder Orangeat in den Teig kneten. Auf einem bemehlten Brett etwa 2–3 cm dicke Rollen formen, diese in so große Stücke schneiden, daß sich Kugeln formen lassen, die flachgedrückt kleinen Pflastersteinen ähneln. Die Pflastersteine mit Milch bestreichen und die Oberseite in groben Zucker drücken. Auf ein gefettetes Backblech legen und im vorgeheizten Ofen backen.
Backzeit: 10–20 Minuten
Backhitze: 180 Grad
Tip: Pflastersteine sollten einige Tage offen an der Luft stehen, damit sie weicher werden. Anschließend sollten sie in Büchsen aufbewahrt werden.

Pflastersteine II
Teig wie bei vorhergehenden Pflastersteinen bereiten. Den Teig auf ein bemehltes Brett geben und 2 cm dicke Rollen formen. Davon kirschgroße Stücke abschneiden und Kugeln formen. 8–10 Kugeln werden nicht zu dicht nebeneinander in gefettete Metallringe auf ein gefettetes Backblech gesetzt und im vorgeheizten Ofen nicht zu stark ausgebacken. Für den Guß werden 1 1/2 Eiweiß mit soviel gesiebtem Puderzucker (250g) glattgerührt, daß eine dickflüssige Masse entsteht, die noch heiß über die Pflastersteine gestrichen wird.
Backzeit: 20 Minuten
Backhitze: 180 Grad

teig mit Mehl bestäuben und 15 Minuten gehen lassen. Eier, Zucker, Salz, Vanillearoma, Milch und Butter dazugeben und die Zutaten miteinander vermischen, bis sich Blasen bilden und der Teig sich vom Schüsselrand löst. Den weichen Teig am warmen Ort 30 Minuten gehen lassen. Nun den Teig ausrollen, einmal auf die Hälfte zusammenlegen, 5–7 cm runde Stücke ausstechen, dazwischen Marmelade füllen, den Rand etwas andrücken und nochmal gehen lassen. Diese Bällchen schwimmend im heißen Fett (Öl, Schmalz) ausbacken oder glattgerührte Marmelade nach dem Backen mit dem Spritzbeutel in die Pfannkuchen spritzen (mit langer Tülle). Anschließend die Kuchen in Zucker wälzen oder mit Zuckerguß überziehen.

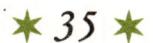
Pfannkuchen
(Berliner)
500g Mehl, 30g Hefe, 2 Eier, 100g Zucker, 1 Prise Salz, Vanillearoma, 1/4 l lauwarme Milch, 60g zerlassene Butter, rote Marmelade, Öl oder Schmalz, Puderzucker oder Zuckerguß.
Mehl in eine Schüssel sieben, in die Mitte eine Vertiefung drücken und Hefe hineinbröckeln. Dann die Hefe mit 1/4 TL Zucker und 5 TL Milch sowie etwas Mehl gut verrühren und einen Vorteig anfertigen. Diesen Vor-

Quarkpfannkuchen
250g Quark, 1 Ei, 8 EL Öl, 100g Zucker, 6 EL Milch, 1 P Vanillinzucker, 400g Mehl, 1 P Backpulver, Marmelade zum Füllen, Zucker oder Zuckerguß, Öl oder Schmalz.
Quark, Ei, Öl und Milch verrühren, Zucker, Vanillinzucker, Salz und das gesiebte Mehl mit dem Backpulver nach und nach unter den Quark rühren. Pfannkuchen formen, Marmelade hineingeben und in heißem Fett backen. Die Marmelade kann auch nach dem Backprozeß mit einer lan-

gen Tülle und dem Spritzbeutel in die Pfannkuchen gespritzt werden. Anschließend die Quarkpfannkuchen in Zucker wälzen oder mit Zuckerguß überziehen.

★ 37 ★

Weihnachtspunsch

2 Fl. Rotwein, 200 g Zucker, Saft von 5 Orangen, 1/2 l schwarzer Tee (guter Aufguß), 1/4 l Rum, 2–3 Nelken, wenig Zimt, 1 P Vanillinzucker.
Rotwein mit Zucker, Saft und Gewürzen bis vor dem Siedepunkt erhitzen. Gewürze entfernen, zuletzt Rum daruntermischen. Heiß in hitzebeständigen Gläsern servieren.

★ 38 ★

Großmutters Winterpunsch

1/2 l Wasser, 250 g Zucker, etwas Zitronenschale, 2 Nelken, 1 P Vanillinzucker, 1/4 l schwarzer Tee (guter Aufguß), Saft von 2 Orangen und 1 Zitrone, 1 Fl. Rotwein, 1/8 l Rum, 1/8 l Weinbrand.
Der Zucker wird mit Wasser und den Gewürzen aufgekocht und durch ein Sieb gegossen. Dann werden der Tee, die Säfte und der Wein zugegeben. Alles wird bis nahe an den Siedepunkt erhitzt. Zuletzt werden Rum und Weinbrand untergerührt.

★ 39 ★

Feine Marzipanmasse
(aus dem Kloster Marienstern)

500 g süße Mandeln, 15 g bittere Mandeln, 500 g Puderzucker, 3 EL Rosenwasser.
Mandeln schälen und gut trocknen. Zweimal durch die Mandelmühle drehen und anschließend im Mörser gut zerreiben. Mit Puderzucker vermischen und im Topf auf kleiner Flamme unter ständigem Rühren solange erhitzen, bis sich die Masse vom Topfrand löst. Masse über Nacht zugedeckt stehen lassen und am nächsten Tag mit Rosenwasser zu Konfekt verarbeiten.

★ 40 ★

Falsche Marzipanmasse

3/4 Tasse Milch, 1 Tasse Zucker, 1 Tasse Grieß, 1/2 Tasse Puderzucker, 1 Fl. Bittermandelaroma, etwas Kakaopulver.
Milch, Zucker und Grieß 5 Minuten unter Rühren zu einem dicken Brei kochen und unter Rühren erkalten lassen. Unter die erkaltete Masse Puderzucker und Mandelaroma kneten. Kleine Kugeln formen und in Kakaopulver wälzen.

Ein Gebet lang
gute Kuchen zu versuchen

Ein Gebet lang gute Kuchen zu versuchen, so mag mancher Auftrag eines Abtes oder einer Äbtissin gelautet haben, damit das Weihnachtsgebäck rechtzeitig zum Fest gebacken war. Neben der Sanduhr galt das »Gegrüßet seist du Maria« als Erfahrungswert für hart oder weichgekochte Eier, und Rosenkranzgebete waren zur Weihnachtszeit besonders geeignet, um die Backzeiten der Lebkuchen und Hutzelbrote einzuhalten.

Während es heute Koch- und Backbücher mit unendlich vielen Rezepten gibt, wurden in den Klosterküchen die Geheimnisse der Backkunst mündlich überliefert bzw. durch Notizen und Hinweise auf Handzetteln weitervermittelt. 1345 beginnt mit der Würzburger Handschrift »von guter spise« die geordnete Aufzeichnung von Back- und Kochrezepten. In diesem Buch ist folgendes Rezept aufgezeichnet, das es wohl zur Weihnachtszeit in klösterlicher Küchen gegeben haben mag: Ain haidischen pfankuchen; mach ain guoten teig von itel ayer und mel, so du aber hertest mögest und den ferwe und trib zuo tünen bletern als pfankuchen und bachs in schmalz und nim denn gueten win und halb als vil hungs; das erwel mit ainander und züch das gebachen durch und bestrew es denn mit den kleinen welschen winberen.

Seit die ersten Kochbücher herauskamen, wurde in den Klöstern besonders dem Backwerk viel Aufmerksamkeit geschenkt. Lebkuchen, Torten (ein Mittelding von Auflauf und Pastete mit würziger Füllung) und herrliche Krapfen waren einige der beliebten Gebäcke. Es wurde experimentiert und geforscht, und so entstand meist in der Vorweihnachtszeit manch neue Köstlichkeit. Ein altes, beliebtes Gebäck sind die Nonnenfürzchen. Von einer alten Küchenschwester erfuhr ich folgende Auslegung: Im Dezember, als in den bayrischen Wäldern längst der Winter eingekehrt war, wurde einem Bischof auf der Visitationsreise auch die Küche des Klosters gezeigt, denn er war ein Feinschmecker, und das kalte Dezemberwetter war wie geschaffen dafür, einen Blick in die warme Klosterküche zu werfen. Mit vielen Helfern war eine junge Novizin dabei, Weihnachtsgebäck, unter anderem auch Krapfen, zu backen. Der Teig für die Krapfen war etwas zu feucht geraten, und so zischte es verdächtig, als das Gebäck ins heiße Schmalz gegeben wurde. Die Novizin wurde rot und blaß und wollte vor Scham aus der Küche entweichen. Der Bischof, ein Mann mit Humor und Phantasie, hatte so viel Spaß daran, daß er das Gebäck Nonnenfürzchen nannte.

Geschäftig, vielleicht auch mal ein Gebet lang, aber meist mit einer Uhr wird in Hunderten christlichen Heimküchen, in Pfarrhaushalten und in vielen Familien manch überliefertes Rezept verwandt und neues Backwerk zur Weihnachtszeit ausprobiert.

 **41**

Nonnenfürzchen

500 g Mehl, 30 g Hefe, 60 g Zucker, $1/4$ l lauwarme Milch, 60 g Butter, 1 Prise Salz, 4 Eier, 100 g Rosinen.

Mehl in eine Schüssel geben, in die Mitte eine Vertiefung drücken und die Hefe hineinbröckeln. Mit 1 TL Zucker, etwas lauwarmer Milch und wenig Mehl zum Vorteig verrühren, zugedeckt 15 Minuten gehen lassen. Danach Zucker, die restliche Milch, Butter, Salz, Eier und Rosinen zufügen, zu einem lockeren Hefeteig schlagen und 45 Minuten gehen lassen. Mit einem Teelöffel Teigstücke abstechen und diese in heißem Fett schwimmend knusprig braun ausbakken.

 **42**

Feine Weihnachtsherzen (Abb.)

3 Eigelb, 120 g Zucker, 1 P Vanillinzucker, 1 gestr. TL Backpulver, 225 g gemahlene Nüsse (Mandeln, Haselnüsse).

Für die Glasur: 1 Eiweiß, 225 g Puderzucker, 2 EL Zitronensaft.

Eigelb, Zucker und Vanillinzucker solange rühren, bis eine kremartige Masse entsteht. Nach und nach Backpulver und die gemahlenen Nüsse unterkneten. Einige gemahlene Nüsse werden zum Ausrollen statt Mehl zurückgelassen. Teig dick ausrollen, Herzen ausstechen. Die Herzen auf ein gefettetes Backblech legen und im vorgeheizten Ofen backen. Eiweiß zu steifem Schnee schlagen, Zitronensaft beigeben, den Puderzucker nach und nach einrieseln lassen und solange weiterschlagen, bis ein geschmeidiger Guß entsteht. Damit die noch warmen Herzen bestreichen.

Backzeit: 15 Minuten
Backhitze: 150–175 Grad

 **43**

Kokosmakronen (Abb.)

3 Eiweiß, 250 g Zucker, 180 g Kokosraspeln, etwas abgeriebene Zitronenschale, Oblaten.

Eiweiß sehr steif schlagen, nach und nach Zucker einrieseln lassen, die Kokosraspeln und die Zitronenschale unterziehen. Mit 2 Teelöffeln Häuf-

chen auf die Oblaten oder auf ein gefettetes Backblech setzen. Im vorgeheizten Ofen hell backen.
Backzeit: 20–30 Minuten
Backhitze: 150–175 Grad

44

Vanillekipferl (Abb.)
Die Kipferl gehen vermutlich auf ein Klostergebäck zurück. Der Name ist ein bayrisch-österreichischer mundartlicher Ausdruck für Hörnchen. Schon 1227 haben Wiener Bäcker dem Babenberger Herzog Leopold zu Weihnachten »eine Tracht Chipfen« überreicht. Vanillekipferl sind leicht und schnell gemacht. Sie sind bestens für den adventlichen Kaffeetisch geeignet.
250 g Mehl, 1 gestr. TL Backpulver, 150 g Butter, 2 Eigelb, 80 g Zucker, 100 g gemahlene Mandeln oder Haselnüsse.
Zum Einwickeln: 3 P Vanillinzucker vermischt mit 150 g Puderzucker.
Butter, Eigelb und Zucker schaumig rühren. Das mit dem Backpulver vermischte Mehl und die Mandeln unterkneten. Aus dem Teig eine dünne Rolle formen und zugedeckt 20 Minuten kaltstellen. Danach gleichmäßige Scheiben abschneiden und kleine Hörnchen formen, die im vorgeheizten Ofen auf einem leicht gefetteten Backblech hell abgebacken werden. Die fertigen Kipferl sofort

nach dem Backen in Zucker wälzen.
Backzeit: 10 Minuten
Backhitze: 200 Grad

45

Christrosen
Die Legende berichtet, daß Gott durch den Stern nicht nur den Magiern den Weg zum Jesuskind gezeigt hat, sondern daß er auch überall dort, wo die Strahlen des Sternes von Betlehem die Erde berührten, eine Blume mit weißer Blüte und dunkelgrünen Blättern habe wachsen lassen, nämlich die Christrose. Sie sollte allen den Weg zeigen, die das Kind in der Krippe suchten. An eben diese Legende erinnern die gebackenen Christrosen. Sie sind zart, leicht und schmecken köstlich.
2 Eier, 180 g Zucker, 1 Messerspitze Nelken, 1 Messerspitze Zimt, etwas geriebene Orangenschale, 250 g Mandeln, 350 g Mehl, 1 P Backpulver.
Für die Glasur: 250 g Puderzucker, 2–3 EL Orangensaft, etwas geriebene Orangenschale.
Eier, Zucker und die Gewürze gut verrühren. Dann die gemahlenen Mandeln dazugeben. Darunter das mit dem Backpulver gemischte Mehl geben. Alles verkneten, den Teig ausrollen und Blumenformen ausstechen. Auf ein gefettetes Backblech setzen und im vorgeheizten Ofen hell abbacken. Zum Guß Puderzucker

mit Orangensaft verrühren, die geriebene Schale hinzugeben und die noch warmen Plätzchen bestreichen.
Backzeit: 10–15 Minuten
Backhitze: 180 Grad

✳ 46 ✳

Spritzgebäck (Abb.)
400 g Butter, 150 g Puderzucker, 2 P Vanillinzucker, 2 Eiweiß, 400 g Mehl, 100 g Speisestärke.
Zum Verzieren: Marmelade, Gelee.
Butter schaumig rühren, nach und nach Puderzucker, Vanillinzucker und steif geschlagenes Eiweiß dazugeben. Löffelweise Mehl und Speisestärke unterrühren. Mit einem Spritzbeutel auf ein gefettetes Backblech spritzen und im vorgeheizten Ofen hellgelb backen. Eventuell mit einem Tupfer Marmelade garnieren.
Backzeit: 15 Minuten
Backhitze: 200 Grad

✳ 47 ✳

Weihnachtsfensterchen (Abb.)
160 g Mehl, 80 g Speisestärke, 1 Ei, 65 g Zucker, 1 P Vanillinzucker, 125 g Butter.
Zum Bestreichen: kräftig rote Marmelade.
Zum Bestreuen: Puderzucker.
Mehl und Speisestärke mischen und auf eine Arbeitsfläche geben. In die Mitte eine Vertiefung drücken und Ei, Zucker, Vanillinzucker hineingeben. Die Butter auf dem Mehlrand verteilen und alles zu einem Teig verkneten. 30 Minuten im Kühlschrank ruhen lassen. Dann zwei gleiche runde Plätzchen ausstechen. Aus einem Plätzchen aus der Mitte etwas herausstechen. Auf leicht gefettetem Backblech im vorgeheizten Ofen goldgelb backen. Nach dem Backen das geschlossene Plätzchen mit Marmelade bestreichen, das andere Plätzchen mit Puderzucker bestreuen und daraufsetzen.
Backzeit: 15 Minuten
Backhitze: 180 Grad

✳ 48 ✳

Terrassenplätzchen (Abb.)
300 g Mehl, 1 TL Backpulver, 100 g Zucker, 1 P Vanillinzucker, etwas abgeriebene Zitronenschale, 1 Ei, 150 g Butter oder Margarine.
Mehl mit dem Backpulver mischen, auf die Arbeitsfläche sieben, in die Mitte eine Vertiefung drücken, dahinein Zucker, Vanillinzucker, Zitronenschale und das Ei geben. Die kalte Butter in Flocken auf dem Mehlrand verteilen und alles zu einem glatten Teig verkneten. 30 Minuten im Kühlschrank ruhen lassen, dann dünn ausrollen und mit drei verschiedenen runden Formen ausstechen. Auf leicht gefettetem Blech im vorgeheizten Ofen goldgelb backen. Nach

dem Backen die Plätzchen mit etwas Konfitüre terrassenförmig zusammensetzen und mit Puderzucker bestäuben. Das oberste Plätzchen mit einem Konfitüretupfer garnieren.
Backzeit: 10–15 Minuten
Backhitze: 200 Grad

✳ 49 ✳

Haselnußkranz (Abb.)
300 g Mehl, 1 ½ TL Backpulver, 100 g Zucker, 1 P Vanillinzucker, 1 Prise Salz, 1 TL Zitronensaft, 1 Ei, 2 EL Milch, 125 g Butter oder Margarine.
Für die Füllung: 200 g gemahlene Haselnüsse, 100 g Zucker, einige Tropfen Mandelaroma, 1 Eiweiß, 4–5 EL Wasser.
Zum Bestreichen: Eigelb.

Mehl mit dem Backpulver mischen und auf die Arbeitsfläche geben, in die Mitte eine Vertiefung drücken und Zucker, die Gewürze und das Ei hineingeben. Die kalte Butter in Flöckchen auf dem Mehlrand verteilen und alles von unten her zu einem glatten Teig verkneten. 30 Minuten im Kühlschrank ruhen lassen. Inzwischen gemahlene Haselnüsse, Zucker, Mandelaroma, Eiweiß und Wasser zu einer streichfähigen Masse verrühren. Dann den Teig ausrollen und die Masse auf den Teig streichen, diesen aufrollen und als Kranz auf ein gefettetes Backblech legen, mit Eigelb bestreichen und in gleichmäßigen Abständen einschneiden.
Backzeit: 40–45 Minuten
Backhitze: 180 Grad

Advent!
Advent!

Adveniat regnum tuum

Das »Adveniat regnum tuum – Dein Reich komme« aus dem »Vaterunser« könnte als Bitte ein Leitmotiv der Advents- zeit sein, denn Advent ist die Zeit der besinnlichen Einstimmung und der frohen Erwartung. Schon der Name (adventus = Ankunft) deutet an: Diese Zeit mit all ihrem Brauchtum dient der Vorbereitung. Sie ist nicht in sich verständlich, son- dern es geht immer auch schon um das weihnachtliche Geschehen: Gott selbst ist in seinem Sohn Mensch geworden und zu uns gekommen. Dieses Ereignis feiern wir in der Heiligen Nacht. Gleichzeitig wird damit unser Blick auf die zweite An- kunft des Herrn am Ende der Zeit gelenkt. Darum sind die Tage des Advents voll hingebender und freudiger Erwartung.

Ein Blick in die Geschichte zeigt, daß diese Vorbereitungszeit in den einzelnen »Teilkirchen« unterschiedlich ausgeprägt und akzentuiert war. Während sie in Spanien und Gallien in den frühen Jahrhunderten eine Zeit der Buße und der Vor- bereitung auf den Tauftag am Fest Epiphanie war – ähnlich der Fastenzeit vor Ostern –, stand in Rom die Erwartung der Menschwerdung des Herrn im Vorder- grund, die in der Adventsliturgie ihren Ausdruck fand.

Diese unterschiedlichen Gepflogenheiten gibt es seit langem nicht mehr, den- noch spüren wir noch etwas von der Spannung zwischen Verzicht und Vorfreude. Im Zusammenspiel zwischen beiden liegt der eigentümliche Reiz des Advents.

Das betrifft gerade auch die kulinarischen Bräuche dieser Zeit. Hier sollen neue Formen, aber auch uralte, längst vergessene Gewohnheiten angeboten werden als Alternative, die Adventszeit anders zu begehen als bisher.

Kulinarische Pfade der Adventszeit
Erster Pfad –
Tage des Verzichts

Zu freiwilliger Armut im Sinne des Evangeliums werden sich immer nur wenige berufen wissen. »Aber ernsthaft verwirklichte Einfachheit ist uns allen möglich und für uns alle wichtig.« Dies betonte der Theologe Professor Exeler in einem Radiovortrag und ergänzte: »Einfachheit ist deutlich abzuheben von Primitivität und Mickrigkeit. Sie kann einhergehen mit hoher Lebenskultur. Sie schließt auch gelegentlichen Luxus nicht aus, solange dieser nicht den Lebensstil prägt.«

So wäre eine Übung des Verzichtes im kulinarischen Sinne ein gesundes Gegengewicht zur lukullischen Überfütterung. Diese Gedanken wurden in dem erwähnten Radiovortrag mit folgender Anekdote untermauert: Ein kirchliches Gremium hatte ein großartiges Festessen angesetzt. Im letzten Augenblick stellte der Gastgeber fest, daß auch jemand aus der Dritten Welt als Gast dabei war. Er genierte sich und entschuldigte sich bei dem ausländischen Gast. Darauf antwortete dieser lächelnd: »Wir haben nichts gegen Ihre Feiertage; wir haben nur etwas gegen Ihren Alltag.«

Wie intensiv nun jeder in der Adventszeit auf Speisen verzichtet, hängt von seinem persönlichen Willen und seiner Konstitution ab.

Für Tage des Verzichtes im Advent sind Teegetränke – schwarzer Tee oder Kräutertee – mit vitaminreichen Säften sowie Obst (Äpfel, Zitrusfrüchte) oder Gemüse (Möhren) besonders zu empfehlen, ebenfalls pikante Quarkzubereitungen.

 ★ 50 ★

Pellkartoffeln
mit pikantem Gewürzquark

1 kg Kartoffeln, 500g Magerquark, 1/8 l Milch oder gut 1/8 l saure Sahne, 1 feingehackte mittelgroße Zwiebel. Gewürze: 1–2 TL Zucker, Salz, weißer Pfeffer, wenig Knoblauchpulver. Kartoffeln waschen, mit Salzwasser unter Zugabe von etwas Kümmel gar kochen lassen, abgießen und pellen. Den Quark mit der Milch oder der sauren Sahne geschmeidig rühren, die Zwiebelwürfel dazugeben und den Quark lieblich pikant

mit den Gewürzen abschmecken. Garnitur: gehackte Kräuter, Gewürzgurken oder Paprikapulver.

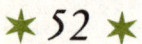

✶ 51 ✶

Butterkartoffeln
mit bulgarischem Kräuterquark
1 kg Kartoffeln, 50 g Butter, 500 g Magerquark, 1/8–1/4 l saure Sahne, 1 TL Speiseöl, 4 EL feingewiegte Kräuter (Schnittlauch, Petersilie oder Kresse), 1 feinwürfeliges hartgekochtes Ei, 2 feinwürfelige Gewürzgurken.
Gewürze: 1–2 TL Zucker, Salz, weißer Pfeffer, Knoblauchpulver, edelsüßer Paprika für die Garnitur.
Kartoffeln wie Pellkartoffeln abkochen, schälen und in zerlassener Butter gut durchschwenken.
Den Quark mit saurer Sahne und Öl gut verrühren, Kräuter, Ei und Gewürzgurken hinzugeben und den Quark mit den Gewürzen herzhaft abschmecken.
Garnitur: in Paprikapulver gewälzte Zwiebelringe und gehackte Kräuter.

✶ 52 ✶

Honigtee
8 gestr. TL schwarzer Tee, 1 l Wasser, 6 TL Bienenhonig, 3 TL Zitronensaft.
Tee mit kochendem Wasser aufgießen, 3–5 Minuten ziehen lassen,

durch ein Sieb gießen, mit Honig süßen und mit Zitronensaft angenehm säuern.

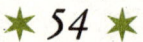

✶ 53 ✶

Schwarzer Johannisbeertee
8 gestr. TL schwarzer Tee, 1 l Wasser, gut 1/8 l warmer schwarzer Johannisbeersaft, Zucker.
Tee mit kochendem Wasser aufgießen, 3–5 Minuten ziehen lassen, durch ein Sieb gießen, mit Johannisbeersaft auffüllen, individuell mit Zucker süßen.

✶ 54 ✶

Orangentee
6–7 gestrichene TL schwarzer Tee, 3/4 l Wasser, 1/4 l warmer Orangensaft, Zucker, Orangenachtel.
Tee mit kochendem Wasser aufgießen, 3–5 Minuten ziehen lassen, durch ein Sieb gießen, mit Orangensaft auffüllen, individuell mit Zucker süßen, in Gläser füllen, als Garnitur 1 Orangenachtel aufs Glas stecken.

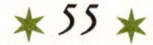

✶ 55 ✶

Zitronentee mit Traubenzucker
6–7 gestr. TL schwarzer Tee, 1 l Wasser, Saft 1 Zitrone, Traubenzucker.
Tee mit kochendem Wasser aufgießen, 3–5 Minuten ziehen lassen, durch ein Sieb gießen, Zitronensaft hinzugeben und individuell süßen.

Zweiter Pfad –
Unser tägliches Brot

Gerste und Weizen, die ältesten Kulturpflanzen der Erde, sind, wie Funde und Darstellungen beweisen, seit 6000 Jahren aus dem alten Ägypten bekannt. Der Getreidebrei, dann die Fladen und später das Brot wurden schnell in allen Ländern der Welt bekannt.

Brot war über Jahrtausende das wichtigste Nahrungsmittel der Völker. Und wer möchte heute das Brot missen?

Wir, die Bevölkerung der entwickelten Industriestaaten, brauchen darauf nicht zu verzichten. Darüber hinaus können wir Lebensmittel und lukullische Spezialitäten vielerlei Art kaufen, und so passiert es, daß Kinder ihre Schnitten in der Schule wegwerfen, weil sie lieber Kuchen, Bonbons, Eis oder Schokolade essen. Kein Kind könnte sich noch vorstellen, eine Scheibe trockenen Brotes als Pausenverpflegung mitzunehmen.

Wir alle sind froh, daß keines unserer Kinder die Erfahrung des Hungers der Nachkriegsgeneration machen mußte. Aber ist das ein Grund, das so kostbare Gut – das Brot – wegzuwerfen? Und dieses Wegwerfen wird nicht nur von Kindern praktiziert, was das nach Tonnen abzurechnende Brot und manch andere Lebensmittel als Fundgut in den Müllcontainern beweisen. Ist dies nicht ein Zeichen der mangelnden Verantwortung dem Leben gegenüber?

Wir können uns dieser Frage nicht entziehen, wenn wir erfahren, daß von jährlich über 120 Millionen neugeborenen Kindern auf der Welt 12 Millionen nicht ein einziges Jahr leben, weil das notwendige Essen fehlt, und daß täglich Zehntausende Menschen verhungern oder an den Folgen ungenügender Ernährung sterben.

Wäre es da nicht angebracht, neu nachzudenken über die Kostbarkeit des Brotes? Die Adventszeit wäre dafür sicherlich geeignet. Frisches Bäckerbrot oder selbstgebackenes Brot wird auf den rustikal gedeckten Tisch gestellt. Als Getränke können Wasser, Wein, Tee oder Säfte angeboten werden. So danken wir für das tägliche Brot, für die täglichen Getränke. Wir achten die Arbeit all derer, die uns diese Speisen bereiten. Wir denken an die, die so oft nicht einmal das haben, was uns trotz allem bei diesem Mahl so reich beschert wird.

Buntes Weihnachtsbrot

500g Mehl, 40g Hefe, 1 gestr. TL Zucker, $1/8$l lauwarme Milch, 75g feinwürfeliger Schinken, je $1/2$ Tasse feinwürfelige Gewürzgurken und rote Gemüsepaprika, $1/2$ TL Salz, 1 TL Basilikum, 1 EL feingewiegte Kräuter, je nach Geschmack 1 TL feingehackter Kümmel, 40g Margarine, 1 Ei, 1 Eigelb.

Zum Bestreichen: Milch.

Mehl in eine Schüssel geben, in die Mitte eine Vertiefung drücken, Hefe hineinbröckeln und mit Zucker, ein wenig Milch und etwas Mehl verrühren. Vorteig 15 Minuten gehen lassen. Schinken, Gurken, Paprika, Gewürze, weiche Margarine und das verquirlte Ei und Eigelb zum Vorteig geben. Unter Zugabe der restlichen Milch zum glatten Teig kneten, 30 Minuten gehen lassen. Danach einen ovalen Brotlaib formen, auf ein gefettetes Backblech setzen und Kerben eindrücken. Nochmals 20 Minuten gehen lassen, mit Milch bestreichen und im vorgeheizten Ofen backen. Das Brot erhält eine besonders gute Farbe, wenn es während des Backens noch 1–2mal mit Milch bestrichen wird.

Backzeit: 25 Minuten
Backhitze: 220 Grad

Kräuterbrot

500g Mehl, 30g Hefe, 1 TL Zucker, $1/4$l lauwarme Milch, 30–50g Butter, 2 Eier, gut $1/2$ Tasse feingewiegte Kräuter (Dill, Schnittlauch, Petersilie) oder getrocknete Kräuter, 1 TL Salz.

Zum Bestreichen: Milch.

Mehl in eine Schüssel geben, in die Mitte eine Vertiefung drücken, Hefe hineinbröckeln und mit Zucker, ein wenig Milch und etwas Mehl verrühren. Diesen Vorteig 15 Minuten aufgehen lassen. In einer kleinen Pfanne Butter schmelzen lassen. Die Eier mit Salz, Butter und den Kräutern in einer Schüssel verquirlen und mit der Milch zum Vorteig geben. Den Teig solange schlagen, bis sich Blasen bilden und er sich vom Schüsselrand löst. Noch einmal 20 Minuten gehen lassen. Dann den Teig in eine gut gefettete Kastenform oder backfeste Keramikschüssel füllen, 15 Minuten gehen lassen und mit Milch bestreichen. Mit einem Messer den Teig in gleichmäßigen Abständen $1/2$cm tief einschneiden. Im vorgeheizten Ofen goldbraun backen. Danach Brot aus der Form lösen und abkühlen lassen.

Backzeit: etwa 30 Minuten
Backhitze: 200 Grad

✹ 58 ✹

Schweizer Käsebrötchen
500 g Mehl, 40 g Hefe, 1/4 l lauwarme Milch, 1 TL Salz, 70 g Butter, 3 EL geriebener Käse (Emmentaler, Edamer).
Zum Bestreichen: Eigelb.
Mehl in eine Schüssel geben, in die Mitte eine Vertiefung drücken, Hefe hineinbröckeln und mit Zucker, ein wenig Milch und etwas Mehl verrühren. Diesen Vorteig 15 Minuten aufgehen lassen. Salz, zerlassene, warme Butter, die restliche Milch und den geriebenen Käse zum Vorteig geben. Den Teig solange schlagen, bis er weich und geschmeidig ist und sich vom Schüsselrand löst. Er muß nochmal 30–40 Minuten aufgehen. Dann eine lange Rolle formen, die in brötchengroße Stücke geschnitten wird. Runde Brötchen formen, auf einem eingefetteten Backblech nochmal 15 Minuten aufgehen lassen, mit verquirltem Eigelb bestreichen und im vorgeheizten Ofen backen.
Backzei t: 15 Minuten
Backhitze: 200 Grad

✹ 59 ✹

Dillbrötchen mit Sauerrahm
500 g Mehl, 40 g Hefe, 1 TL Zucker, 1/8 l lauwarme Milch, 4 EL Speiseöl, 1/8 l saure Sahne, 1/2 Tasse feingewiegter frischer oder getrockneter Dill, 1 TL Salz, 1/2 TL Pfeffer.
Mehl in eine Schüssel geben, in die Mitte eine Vertiefung drücken, Hefe hineinbröckeln und mit Zucker, ein wenig Milch und etwas Mehl verrühren. Diesen Vorteig 15 Minuten gehenlassen.
Öl, saure Sahne, Dill, Salz, Pfeffer, die restliche Milch zum Vorteig geben und alles zu einem glatten Teig kneten, der sich vom Schüsselrand löst. Er muß zugedeckt nochmal 30 Minuten aufgehen. Dann eine lange Rolle formen, die in 10–12 Stücke geschnitten wird. Brötchen formen, auf ein gefettetes Backblech setzen, nochmal 15 Minuten gehen lassen, mit Mehl bestäuben, 1/2 cm tief mit spitzem Messer ein Kreuz einschneiden und im vorgeheizten Ofen backen. Dillbrötchen noch warm servieren.
Backzeit: 30 Minuten
Backhitze: 200 Grad

Dritter Pfad –
Viel Zeit für die Gemeinschaft beim Schwedenfrühstück

Gut und ausgiebig essen, Zeit haben für das gemeinsame Gespräch, keine Sorge um das Mittagsmahl, das sind die wesentlichen Vorteile des dritten kulinarischen Pfades – des Schwedenfrühstücks – in der Adventszeit.

Diese Frühstücksvariante ist, wie schon der Name sagt, eine schwedische Spezialität. Es ist ein umfangreiches, vielseitiges, delikates Frühstück. Ohne Zeitdruck versammelt man sich, ißt und trinkt in Gemütsruhe. Dabei wird ausgiebig alles besprochen, was in der Unruhe der letzten Wochen nicht gesagt werden konnte. Die Familie oder eine andere Tischgemeinschaft ist unter sich, und das darf genossen werden. Ob es zwei oder drei Stunden oder gar bis zur Mittagszeit dauert, es gibt für dieses Frühstück keine festgesetzten Grenzen. Daß als Nebeneffekt das Mittagessen entfällt, dürfte für denjenigen, der mit dem Kochen dran ist, eine besonders angenehme Begleiterscheinung sein, die er auch ohne Gewissensbisse akzeptieren soll. Und dies sei eingefügt: »Wir leben nicht, um zu essen, sondern wir essen, um zu leben«, wie Sokrates es ausdrückte. Das Mehr an Kommunikation und das Weniger an Vorbereitungszeit für das sonst zweite Mahl sprechen für dieses Frühstück.

Ein gut überlegter Tagesablauf – Gottesdienst, Schwedenfrühstück, Spaziergang, Mittagsschlaf, Kaffee, Besuchszeit, Abendbrot, Spielrunde – könnte diesen Tag zu einem Erlebnis für alle werden lassen.

Was sollte bei der Vorbereitung beachtet werden? »Lerchen«, also Frühaufsteher, oder noch besser alle Teilnehmer, auch die Kinder, könnten das Mahl vorbereiten. Unnötiges Kochen am Morgen sollte vermieden werden. Es ist günstig, möglichst große Tische oder zusätzlich einen Anstelltisch zu verwenden, damit Tischschmuck, Geschirr, Speisen und Getränke zweckmäßig eingedeckt werden können. Der Tischschmuck wird aus Tannengrün, Kerzen oder einem Adventskranz bestehen. Etwas ist aber noch wichtig: Alte Frühstückstraditionen sollten frohen Herzens über Bord geworfen werden. Das heißt, Fisch, Obst, Gemüse, Salate, Säfte usw. werden als gesundes Morgenmahl akzeptiert.

Es geht um ein umfangreiches Angebot mit kleinen Einsatzmengen. Was von dem möglichen Speisensortiment ausgewählt wird, ist natürlich abhängig von den Eßgewohnheiten und den verfügbaren Lebensmitteln.

Mögliche Getränke und Speisenauswahl für das Schwedenfrühstück

Getränke
Bohnenkaffee, Tee und Teevariationen (siehe Rezepte Nr. 52–55), Kakaomilch, Honigmilch, Säfte.

Warme Speisen
Brühe mit Eierflocken, Brühe mit Eigelb (alles von fertiger Brühe), Puddingsuppe, Wiener Würstchen, weichgekochte Eier, Rührei und Rühreivariationen (z. B. mit Zwiebeln, Käse, Kräutern, Schinken, Wurst), Spiegeleier.

Kalte Speisen
Wurst, Bratenfleisch, Schinken; Gemüsesalat, Fleischsalat, Eiersalat; Fischkonserven, Fischsalate; Schnittkäse, Schmelzkäse, Quarkzubereitungen; Marmelade, Konfitüre, Gelee, Honig; Frischobst (Äpfel, Orangen, Bananen); Butter, Margarine, Schmalz.

Brot- und Feinbackwaren
Möglichst 2–3 Brotsorten, z. B. Vollkornbrot, Mischbrot, Toastbrot bzw. selbstgebackenes Brot oder Brötchen; außerdem Weihnachtsgebäck und Christstollen oder auch Nüsse und Knabbergebäck können eingedeckt werden.

Vierter Pfad –
Bewußt gesund ernähren

»Es ist nicht genug zu wissen, man muß auch anwenden, es ist nicht genug zu wollen, man muß auch tun«, mahnt J. W. v. Goethe. Grundfragen der gesunden Ernährung sind davon nicht ausgenommen. Wir essen mehrmals am Tag; ohne Nahrungsaufnahme wäre unser Leben nicht möglich. Daß wir uns häufig ungesund ernähren, zeigt der Spiegel, und die Waage bestätigt es. Fast jeder dritte Bürger unseres Staates ist übergewichtig. Körperübergewicht begünstigt die Zuckerkrankheit, Arterienverkalkung, Bluthochdruck, Herzinfarkt, Gallen-, Leber- und Wirbelsäulenerkrankungen, außerdem wird die Leistungsfähigkeit beeinträchtigt. Andere Fehlernährungen: Vitamin- und Mineralstoffmangel, ungenügende Aufnahme von Fettsäuren und Eiweiß … erhöhen natürlich noch das Unwohlsein und die Krankheitsquote. Obwohl viel auf diese Probleme hingewiesen wird, vollzieht sich kein Wandel. Es wird weiterhin auf Kosten der Gesundheit gesündigt. Deshalb die Empfehlung für die Adventszeit: bewußt gesund ernähren. Wenn wir der Empfehlung folgen, ist das auch ein Zeichen der Achtung vor dem von Gott geschenkten Leben. Anstelle einer wissenschaftlichen Analyse und Wegweisung (dies kann in spezieller Fachliteratur nachgelesen werden) einige gutgemeinte Tips für die gesunde Ernährung zur Adventszeit:

★ Nie aus Langeweile, Nervosität, Höflichkeit, Gewohnheit oder Humor essen! Aufhören, wenn es am besten schmeckt. Auch muß nicht alles aufgegessen werden, was auf den Tisch kommt. Reste können im Kühlschrank vitaminschonend und verlustarm aufbewahrt werden.

★ Wenn man langsamer ißt, wird man schneller satt. Es ist wichtig, intensiv zu kauen und langsam zu essen.

★ Lieber mehrere kleine Mahlzeiten einnehmen als wenige große. Als Empfehlung gilt: 25% Frühstück, 30% Mittagessen, 25% Abendbrot einschließlich der »Fernsehkost«, zwei Zwischenmahlzeiten je 10% (H. A. Ketz).

★ Nach 18.00 Uhr keine Mahlzeit einnehmen, da der Magen nicht alles verdauen kann. Die Folge ist häufig ein geringer Schlaf bzw. Schlaflosigkeit.

★ Fetthaltige und zuckerreiche Speisen sollten eingeschränkt werden, da sie hohe Energielieferanten sind. Außerdem regt Zucker den Appetit an.

★ Wichtig ist die Aufnahme energiereduzierter und energiearmer Lebensmittel, die aber reich an Vitaminen, Mineralstoffen und Ballaststoffen sind. Gemüse, Obst, Vollkornerzeugnisse, Milch und Milcherzeugnisse sollen bevorzugt werden.

★ Der Kochsalzgehalt ist auf ein Minimum zu reduzieren, denn Salz bindet sehr viel Wasser im Körper (1 g Kochsalz = 0,1 l Wasser), und das trägt ebenfalls zum Körpergewicht bei.

★ Der regelmäßige Alkoholgenuß sollte auf ein Minimum reduziert werden. So steigert Bier z. B. den Appetit und liefert wie alle anderen alkoholischen Getränke beachtliche Energiemengen (siehe vergleichende Übersicht).

★ Zubereitete Speisen sollten stets aufgewertet werden. Besonders geeignet sind vitaminreiche Garnituren (Kräuter, Gemüse, Obst), die Zugabe eines Rohanteils zu fertigen Gemüsegerichten bis zu 25 %, die Zugabe von Fruchtsäften und Milch an geeignete Speisen, das Bestreuen von Suppen, Eintöpfen, Kartoffeln und Gemüse mit Kräutern.

Die nun folgende kleine Rezeptauswahl wurde unter Beachtung der Hinweise einer gesunden Ernährung zusammengestellt. Gleichzeitig wurden Schnellgerichte berücksichtigt, damit der diensthabende Koch in der Adventszeit nicht übermäßig beansprucht wird.

Energiegehalt von Näschereien und alkoholischen Getränken

	kJ	kcal		kJ	kcal
1 Bonbon	145	35	1 Likör		
1 Butterkeks	190	45	(30 Vol-%, 40 ml)	525	125
1 Port. Schlagsahne			1 Flasche Vollbier		
(50 g)	630	150	hell (330 ml)	650	155
1 Pfannkuchen	1090	260	Dazu im Vergleich:		
125 g Pralinen	2890	690	100 g Speisequark,		
1 Glas Weißwein			mager	300	70
(100 ml)	295	70	1 Scheibe		
1 Glas Dessertwein			Mischbrot (30 g)	315	75
(50 ml)	335	80	2 Eier (100 g)	690	165
1 Kognak					
(42 Vol-%, 40 ml)	420	100			

Weißkohlsalat »Hedwig«

400 g Weißkohl, 2 Äpfel, gut ¼ Glas Letscho, 1 Zwiebel, 2 EL Öl, Essig, Salz, Zucker, Pfeffer.

Weißkohl in feine Streifen schneiden, in Salzwasser bißfest abkochen, Fond abgießen und abkühlen lassen. Feinstreifig geschnittene, geschälte Äpfel, zerkleinertes Letschogemüse und feinwürfelige Zwiebel hinzugeben. Mit Öl, Essig, Salz, Zucker und Pfeffer marinieren und herzhaft abschmecken.

Bunter Sauerkrautsalat

400 g Sauerkraut, 1 Apfel, 100 g Möhren, 1 kleine Zwiebel, 3 EL Öl, 2 EL Apfelsaft, Zucker, Pfeffer.

Sauerkraut etwas kleinschneiden, den geschälten Apfel und die Möhren in feine Streifen schneiden. Zwiebel sehr feinwürfelig schneiden. Diese Zutaten mit Öl und Apfelsaft gut vermischen und mit Zucker und Pfeffer würzen.

Waldorf-Salat

300 g Sellerie, 3 mittelgroße Äpfel, 50 g Walnußkerne, 4 EL Mayonnaise, Zitronensaft, Salz, Zucker, weißer Pfeffer, Worcestersoße.

Sellerie bißfest in Salzwasser abkochen und in feine Streifen schneiden. Zu den abgekühlten Selleriestreifen die geschälten, feinstreifig geschnittenen Äpfel und die feingehackten Walnußkerne geben. Alles mit der Mayonnaise vermengen und mit Zitronensaft, Salz, Zucker, Pfeffer und Worcestersoße würzen.

Als Garnitur eignen sich besonders Walnußkerne.

Pikanter Rote-Rüben-Salat

4–5 große rote Rüben, 2 Äpfel, 1 Zwiebel, 2–3 EL Öl, 1 EL geriebener Meerrettich, Essig, Zucker, Salz, Pfeffer, eventuell feingehackter Kümmel.

Rote Rüben waschen, bißfest abkochen und schälen (oder Konserven verwenden). Die roten Rüben in feine Scheibchen schneiden, geschälte, feinstreifig geschnittene Äpfel und sehr feinwürfelige Zwiebel hinzugeben, mit Öl und den Gewürzen vermengen.

Garnitur: Zwiebelringe und Kräuter.

Möhrensalat mit Äpfeln

400 g Möhren, 2 Äpfel, 50 g Mandeln, 1 EL Öl, Saft von 1 Zitrone, etwas Zitronenschale, 1 Messerspitze Salz, Zucker oder Honig.

Geputzte Möhren, geschälte und vom Kerngehäuse befreite Äpfel raspeln. Geschälte Mandeln hacken, rösten und dazugeben. Mit Öl, Zitronensaft, Zitronenschale, Salz, Zucker oder Honig vermengen und abschmecken.
Garnitur: ausgestochene Apfelscheiben, geröstete Mandelscheiben.

✳ 65 ✳

Rosenkohlsalat

600 g nicht zu großer Rosenkohl, 2 EL Öl, 4 EL Rosenkohlfond, Essig, Zucker, Salz, weißer Pfeffer.
Rosenkohl putzen, waschen und in Salzwasser bißfest abkochen. Das Wasser abgießen (etwas für die Marinade aufbewahren), Rosenkohl in eine Schüssel geben und noch warm mit Öl, Rosenkohlfond, Essig, Zucker, Salz und Pfeffer vermischen. Lieblich pikant abschmecken.
Garnitur: feine Möhrenstreifen, Kräuter.

✳ 66 ✳

Rotkohlsalat »Küchenmeister«

300 g Rotkohl, 1 Orange, 1 Apfel, 1 Banane oder 4 EL feinwürfelige Ananas, 2 EL Rosinen, 3 EL Öl, Zitronensaft, 1 Messerspitze Salz, 1 EL Honig, Zucker.
Das vorbereitete Rotkraut feinschneiden, mit wenig Salz mürbe

stampfen oder blanchieren. Orange schälen, in feine Würfel schneiden und entkernen. Apfel ebenfalls schälen, Kerngehäuse herausnehmen und feinstreifig schneiden. Banane schälen und in feine Streifen schneiden. Alles zum Rotkohl geben, mit gewaschenen Rosinen, Öl, Zitronensaft, Salz, Zucker und Honig vermengen und abschmecken.
Garnitur: Orangenscheiben mit halben Walnußkernen.

✳ 67 ✳

Orangen-Apfel-Salat

6 Orangen, 4 Äpfel, 50 g Rosinen, 4 EL Kokosflocken, Zucker, Zitronensaft, eventuell 1 Schuß Weinbrand oder Rum.
Orangen schälen, in feine Würfel schneiden und entkernen. Äpfel ebenfalls schälen, Kerngehäuse herausschneiden und feinwürfelig schneiden. Alles mit gewaschenen Rosinen und Kokosflocken vermengen und mit den Gewürzen abschmecken.
Garnitur: Nüsse, gespritzter süßer Quark oder Schlagsahne.

✳ 68 ✳

Obstsalat »Regina« (Abb.)

3 mittelgroße Bananen, 1 Orange, 200 g Feinfrosterdbeeren, 2 EL ge-

hackte Mandeln, Zitronensaft, Zukker, eventuell 3 EL Erdbeerlikör oder 1–2 Glas Sekt.

Bananen schälen, in feine Scheiben schneiden und sofort mit Zitronensaft beträufeln. Orange schälen, in feine Würfel schneiden und entkernen; Erdbeeren auftauen und halbieren. Alles mit den Mandeln zu den Bananen geben und mit Zitronensaft und Zucker abschmecken. Der Salat kann durch die Zugabe von Likör oder Sekt verfeinert werden.

Garnitur: gespritzte Schlagsahne, Orangenscheiben.

Bunter Obstsalat, besonders fein
1 Glas Pfirsiche, 200 g Feinfrost-Erdbeeren, 1 Banane, 1 Orange, 3 EL gehackte Nüsse, Zitronensaft, Zucker.

Pfirsiche in Würfel schneiden, Erdbeeren auftauen und halbieren, Banane schälen und in Scheiben schneiden, Orange schälen und in Würfel schneiden sowie entkernen. Alle Zutaten mit den Nüssen vermischen. Den Salat mit Zitronensaft und Zucker würzen.

Große Feste werfen ihre Schatten voraus«, könnte man sagen. Das trifft gewiß auf Weihnachten zu. Fällt nun der Namenstag, der Geburtstag oder ein Jubiläum in den »Vorschatten« dieses Festes, ist es sowohl für die Gäste schwer, ein passendes Geschenk zu finden, als auch für den Gastgeber, das Fest so auszurichten, daß es sich von dem Weihnachtsfest abhebt und es nicht etwa in Aufwand und Gestaltung vorwegnimmt.

Trennen wir uns also einmal von Fleisch und Wurst auf der adventlichen Festtafel und überraschen die Gäste mit einem vegetarischen Speisenangebot. Das ist sicher ungewöhnlich, aber eine geeignete Möglichkeit im Advent.

Wie gut diese Kost mundet, erfuhr ich, als ich zu einer vegetarischen Delikatesse eingeladen wurde, nämlich zu einer Käsefondue. Das Rezept und mögliches kulinarisches Beiwerk möchte ich Ihnen nachfolgend vorstellen. Wer keine Fondue bereiten kann oder möchte, dem sei ein vegetarisches Imbißbüfett empfohlen.

★ 70 ★

Käsefondue für verwöhnte Gaumen
Seinen Ursprung hat das Fondue in der Schweiz, denn nicht die Fleischfondue, sondern die Käsefondue gab es zuerst. Das französische Wort fondre heißt soviel wie schmelzen. Das Fondue fand in vielen Ländern Anerkennung und eine schnelle Verbreitung. Es entstanden viele Zubereitungsvariationen. Für Ihre Feier empfehle ich eine Fondue nach Schweizer Art, die sicher gelingt und ausgezeichnet schmeckt.

Zutaten:
1 Knoblauchzehe, 40g Butter, 1/4 l trockener Weißwein, 500g Schnittkäse (Gouda, Emmentaler, Tiefländer), 1 gestr. EL Stärkemehl, 1–2 Gläschen Kirschwasser, Pfeffer, reichlich Weißbrotwürfel.

Fonduetopf innen mit der Knoblauchzehe ausreiben. Die Hälfte vom Wein in den Topf gießen und erwärmen. Nach und nach die Butter und die Hälfte vom fein geraspelten Käse zugeben und mit dem Holzlöffel unter Achterbewegungen bei kleiner Flamme umrühren. Zwischen-

durch das Stärkemehl mit dem restlichen Wein glattrühren und in den Fonduetopf geben. Alles weiter erwärmen und den restlichen Käse zugeben. Damit die Masse geschmeidig bleibt, weiter in Achterbewegungen umrühren. Mit Kirschwasser und etwas Pfeffer das Fondue geschmacklich vollenden. Sollte das Fondue zu dünn geworden sein, kann geraspelter Käse hinzugegeben werden. In eine zu dicke Fondue wird etwas Weißwein gegossen. Nach dem Servieren werden die Weißbrotwürfel auf die Fonduegabel gespießt und in den Topf getaucht. Mit Käse überzogen wird er herausgenommen und, wenn er genügend abgekühlt ist, gegessen. Viele Fonduespezialisten tauchen die Gabel vor dem Aufspießen der Brotwürfel in Kirschwasser. Natürlich wird von Kennern vor dem Fonduegenuß, zur Essenshalbzeit und nach dem Essen zur Verdauung ein Gläschen Kirschwasser getrunken. Da kalter Wein und heißer Käse sehr schwer verdaulich sind, wird während des Fondueessens schwarzer Tee getrunken und Wein nur zum Abschluß des Essens. Leichte Obst- oder Gemüsesalate sowie Frischobst sind immer geeignete Beilagen.
Viel Spaß beim Schmurgeln!

Vegetarisches Imbißbüfett zur Adventszeit

Das Imbißbüfett ist eine einfache, aber wirkungsvolle Form des kalten Büfetts. Cocktailhappen, Canapés, verschiedene Salate, Cocktails, Fisch-, Käse- und Eierzubereitungen zeichnen ein vegetarisches Imbißbüfett aus.
Je nach der Anzahl der geladenen Gäste und dem eingeplanten Zeitfonds zur Zubereitung sollten 10 bis 15 leckere Speisen ausgewählt werden.

✷ 71 ✷

Cocktailhappen (Abb.)

Für Cocktailhappen werden kleine runde Brothappen (∅ 4 cm) ausgestochen bzw. Brötchen in Scheiben geschnitten und mit Butter bestrichen. Die Brothappen werden mit Zutaten belegt, dekoriert und mit einem Cocktailspießchen verziert, das die Zutaten zusammenhält.

Belag mit Garnierungsmöglichkeiten:
Schnitt-Schmelzkäsewürfel: Mandarinen, entsteinte Kirschen, Weintrauben, Pfirsiche, Champignons
Eischeiben/Eiviertel: Sardellenpaste, Gewürzgurken, Gemüsepaprika, Tomatenketchup, Kräuter
Delihering/Rollmops: Zwiebelringe, Gewürzgurken, Möhrenscheiben, Dill

Fischzubereitungen aus der Dose: Zitrone, Zwiebeln, Gemüsepaprika, Gurken, hartgekochte Eier, Kräuter

Canapés

Für Canapés werden Brotscheiben rund oder viereckig ausgestochen, oft getoastet und mit Butter bestrichen. In der Vorweihnachtszeit können aber auch Herzen, Sterne und andere Formen zum Ausstechen verwendet werden.

Belag mit Garnierungselementen:
Schnittkäse (mit der gleichen Form ausstechen): gespritzte Quarkkrem, gespritzte Buttermischung, Salzstangen, Salzbrezeln, Südfrüchte, Oliven, Gemüsepaprika, Petersilie
Ölsardinen: Zitronenecken, Zwiebelringe, Gemüsepaprika, Kräuter
Räucherfisch: Zwiebelringe, Eischeiben, Gewürzgurken, Kräuter
Dorschleber: Apfelringe, Eischeiben, deutscher Kaviar, Zitrone, Dill oder Petersilie

Salate – Cocktails

Salate und Cocktails sind meist die kulinarischen Spezialitäten jedes Imbißbüfetts. Die Salate können in Schüsseln und die Cocktails in kleinen Weingläsern angerichtet werden. Obst und Gemüse gefüllt mit pikanten Salaten, sind besonders reizvolle Delikatessen.
Käse-, Fisch- und Eiersalat mit relativ guter Bindung können auf Canapés angerichtet werden. Rezepte von Käse-, Fisch-, Eier-, Reis- und Nudelsalat sollen die Auswahl für das Imbißbüfett erleichtern. Gemüse- und Obstsalate sollten auf keinem Büfett fehlen. (Rezepte Nr. 68, 69, 164).

Käsesalat »Hausfrauenart«

300 g Schnittkäse (Edamer, Emmentaler), 1 kl. Apfel, 2 Gewürzgurken, 1 hartgekochtes Ei, 1/8 l saure Sahne, 2–3 EL Quark, Zucker, Salz, Senf, weißer Pfeffer, wenig Zitronensaft oder Essig.
Käse, Äpfel (ohne Kerngehäuse) und Gewürzgurken in feine Streifen schneiden. Ei fein hacken und dazu-

geben. Sahne, Quark und die Gewürze zu einer pikanten würzigen Soße verrühren und unter die Zutaten heben.
Garnitur: feingehackte Kräuter.

Schlemmerkäsesalat

300 g Schnittkäse, 100 g Champignons in Scheiben (Konserve), 150 g

Ananas (Konserve), 50 g Mayonnaise, 4 EL saure Sahne, Zitronensaft oder Essig, Zucker, Salz, weißer Pfeffer, Worcestersoße, 1 EL feingehackte Kapern.
Käse in feine Streifen schneiden, Champignonscheiben und feinwürfelige Ananas dazugeben. Von der Mayonnaise, der sauren Sahne und den Gewürzen eine lieblich pikante Soße herstellen und gut mit den Zutaten vermengen.
Garnitur: Eischeiben mit deutschem Kaviar.

✳ 75 ✳

Käsesalat mit Sellerie
300 g Schnittkäse, 200 g Sellerie (Konserve), 2 Äpfel, 50 g Mayonnaise, 4 EL saure Sahne, Zitronensaft, Zucker, Salz, weißer Pfeffer, Senf, Curry. Den Käse und Sellerie in feine Streifen schneiden. Äpfel schälen, Kerngehäuse entfernen, in Streifen schneiden, mit Zitronensaft beträufeln und dazugeben. Die übrigen Zutaten zu einer würzigen Soße verrühren und unter das übrige heben.
Garnitur: Möhrenscheiben, Kräuter, Eiachtel.

✳ 76 ✳

Schwedischer Fischsalat
1 Dose Fisch in Tomate, 2 Gewürzgurken, 150 g gekochter Sellerie, 1 Apfel, 1 Zwiebel, 100 g Mayonnaise, 2 EL Ketchup, Zitronensaft, Senf, Salz, Zucker, Pfeffer.
Fisch in Tomate in kleine Stücke schneiden, mit den feinstreifig geschnittenen Gurken, Sellerie und Apfel (ohne Schale und Kerngehäuse) und der feinwürfelig geschnittenen Zwiebel vermengen. Aus Mayonnaise, Ketchup und den Gewürzen eine Soße bereiten, die gut mit dem Fischsalat vermengt wird.
Garnitur: Dill, Eischeiben.

✳ 77 ✳

Französischer Räucherfischsalat
4 Bücklinge, 200 g gekochte Kartoffeln, 3 Äpfel, 10 EL Öl, 5 EL Essig, frische Kräuter, Zucker, Salz, Pfeffer.
Bücklinge säubern, enthäuten, entgräten und das Fischfleisch in Würfel schneiden. Kartoffeln und Äpfel (ohne Schale und Kerngehäuse) ebenfalls in Würfel schneiden und mit dem Fischfleisch vermischen. Aus Öl, Essig und den Gewürzen eine Soße bereiten und gut mit dem Fischsalat vermengen.
Garnitur: Zitronenscheiben, Gemüsepaprikastreifen.

✳ 78 ✳

Räucherfischsalat »Alwine«
300 g geräucherter Fisch (Bückling, Makrele oder Dorsch), 100 g gekochte Möhren, 100 g gekochter Selle-

rie, 1 Apfel, 2 hartgekochte Eier, 1 Zwiebel, Zitronensaft oder Essig, 100 g Mayonnaise, 4 EL saure Sahne, Zucker, Salz, Senf, Pfeffer.

Räucherfisch ohne Haut und Gräten, Möhren, Sellerie, Apfel ohne Schale und Kerngehäuse und die Eier in Würfel schneiden. Die sehr feinwürfelig geschnittene Zwiebel und Zitronensaft bzw. Essig hinzugeben und alles gut vermengen. Aus Mayonnaise, saurer Sahne und den Gewürzen eine Soße bereiten und mit dem Salat vermischen.

Tip: Statt saurer Sahne kann Ketchup hinzugefügt werden. Mit einer zusätzlichen Zwiebel und Curry verfeinert wird der Salat herzhafter.

✳ 79 ✳

Rumänischer Fischsalat

300 g gebratenes Fischfilet, 150 g Pfirsiche (Konserve), 1 Apfel, 1/8 l saure Sahne, Zitronensaft, Zucker, Salz, Senf, weißer Pfeffer.

Fischfilet in Stücke schneiden. Pfirsiche und Apfel (ohne Schale und Kerngehäuse) in Streifen schneiden. Von saurer Sahne und den Gewürzen eine Soße bereiten und unter den Salat mengen.

Garnitur: Petersilie, Streifen von roter Apfelschale.

✳ 80 ✳

Heringshäckerle

2 Salzheringe oder 200 g saure Heringe, 2 Gewürzgurken, 1 Ei, 3 Zwiebeln, 2 EL Öl, etwas Zucker.

Salzheringe wässern, reinigen, häuten, entgräten und in Würfel schneiden. Saure Heringe nur entgräten und in Würfel schneiden. Feinwürfelige Gurken, Ei und Zwiebeln hinzugeben, mit Öl vermengen, eventuell mit etwas Zucker nachwürzen.

Garnitur: Zwiebelringe, Kapern.

✳ 81 ✳

Mutters Heringsspezialität

2 Salzheringe, 2–3 Äpfel, 2–3 Gewürzgurken, 3 Zwiebeln, 1/8 l Öl, reichlich Curry, Zucker, Salz, Pfeffer.

Salzheringe wässern, reinigen, häuten, entgräten und in Würfel schneiden, Äpfel schälen, das Kerngehäuse entfernen, vierteln und in feine Scheiben schneiden, die nicht zu großen Gurken halbieren und in Scheiben schneiden, Zwiebeln in feine Streifen schneiden. Alle Zutaten vermischen, mit Öl vermengen, reichlich Curry, wenig Zucker, Salz und Pfeffer hinzugeben. Gut einen Tag durchziehen lassen. Mit frischem Brot servieren.

Bunter Eiersalat

6 hartgekochte Eier, 3 Gewürzgurken, 3 Gemüsepaprika (Konserve), 3 EL Mayonnaise, 3 EL saure Sahne, 1 TL Senf, Zucker, Salz, weißer Pfeffer, 1 Bund Schnittlauch oder Petersilie.
Eier in Scheiben oder Achtel schneiden. Gurken und Paprika in Würfel schneiden und dazugeben. Die Mayonnaise mit saurer Sahne und dem Senf verrühren und mit Zucker, Salz und Pfeffer pikant abschmecken. Die Soße mit den Kräutern über die Salatzutaten verteilen und vorsichtig mischen.

Eiersalat nach schwedischer Art

6 hartgekochte Eier, 100 g Champignonscheiben (Konserve), 1 Apfel, 100 g Mayonnaise, 2 EL saure Sahne, 1 TL Senf, Zitronensaft, Zucker, Salz, weißer Pfeffer, Worcestersoße.
Eier in Scheiben schneiden, Champignons und feinstreifig geschnittenen Apfel (ohne Schale und Kerngehäuse) dazugeben. Aus Mayonnaise, Sahne und den Gewürzen eine lieblich pikante Soße bereiten. Die Soße über den Salat gießen und leicht unterheben.
Garnitur: Dill, Champignonscheiben.

Schweizer Käsesalat

5 hartgekochte Eier, 80 g Schnittkäse, 2 Gewürzgurken, 100 g Mayonnaise, 2 EL saure Sahne, 1 TL Senf, Zucker, Salz, weißer Pfeffer, 2 EL Kräuter.
Eier in Scheiben schneiden, feinstreifigen Käse und Gewürzgurken dazugeben. Die Mayonnaise mit saurer Sahne und dem Senf verrühren und mit Zucker, Salz und Pfeffer pikant abschmecken. Die Soße vorsichtig unter den Salat mischen.

Reissalat nach indischer Art

250 g gekochter Reis, 1 kleine Dose Mandarinen, 50 g Ananas (Konserve), 50 g geschälte Mandeln, 5 EL Mayonnaise, 5 EL saure Sahne, 1 gestr. EL Curry, Zucker, Salz, weißer Pfeffer.
Unter den bißfest gegarten Reis Mandarinen, feinwürfelige Ananas und feingehackte Mandeln mischen. Aus Mayonnaise, saurer Sahne, Curry, Zucker, Salz und Pfeffer eine liebliche, herzhafte Soße bereiten, unter den Salat mischen. Den Salat gut durchziehen lassen.

Hörnchensalat »Hausfrauenart«

200 g Hörnchen Teigwaren, 3 Gewürzgurken, 2 Gemüsepaprika (Kon-

serve), 1 hartgekochtes Ei, 50g Schnittkäse, 1 Apfel, 3 EL Mayonnaise, 5 EL saure Sahne, Zitronensaft, Senf, Zucker, Salz, Pfeffer.
Die Hörnchen in reichlich Salzwasser bißfest kochen, in ein Sieb schütten, mit kaltem Wasser abschrecken und gut abtropfen lassen. Gurke, Paprika, Ei, Käse und Apfel (ohne Schale und Kerngehäuse) in feine Würfel schneiden und dazugeben. Mayonnaise und saure Sahne mit den würzenden Zutaten verrühren, über den Salat gießen, gut mischen und ein bis zwei Stunden ziehen lassen.
Garnitur: reichlich gehackte Kräuter, auch Kapern.

★ 87 ★

Spargelcocktail
1 Gemüsepaprika (Konserve), 250g Spargel (Konserve), 2 hartgekochte Eier.
Soße: 3 EL Mayonnaise, 4 EL saure Sahne, 1 TL Senf, Zitronensaft, Zucker, Salz, weißer Pfeffer, Worcestersoße, geriebener Meerrettich.
Gemüsepaprika feinwürfelig schneiden und in 4–6 Cocktailgläser füllen. Spargel und hartgekochte Eier in mundgerechte Stücke schneiden, mischen und auf die Gläser verteilen. Mayonnaise und saure Sahne mit den übrigen Zutaten zu einer würzigen Cocktailsoße verrühren. Die Soße in die Gläser füllen.
Garnitur: Zitronenachtel, Petersilie.

★ 88 ★

Thunfischcocktail
2 EL feinstreifiger Porree, 150g Thunfisch (Konserve), 2 Gewürzgurken, 1 Gemüsepaprika (Konserve), 1 Apfel.
Soße: 3 EL Mayonnaise, 2 EL saure Sahne, 1 EL Ketchup, Senf, Zucker, Salz, Pfeffer, Worcestersoße, Curry, geriebener Meerrettich.
Porree in 4–6 Cocktailgläser füllen. Thunfisch, Gurke, Paprika und Apfel (ohne Schale und Kerngehäuse) in Würfel schneiden, mischen und auf die Gläser verteilen. Mayonnaise, saure Sahne und Ketchup mit den übrigen Zutaten zu einer herzhaften Cocktailsoße verrühren. Die Soße in die Gläser füllen.
Garnitur: 1/2 Zitronenscheibe, Dill.

Eier- und Quarkvariationen
Neben Salaten, Cocktails und Canapés sollten gefüllte Eier und Quarkvariationen auf keinem Büfett und schon gar nicht auf einem vegetarischen Büfett fehlen. Quarkvariationen – herzhafte und süße – können sehr gut als Füllungen für Obst (Pfirsichhälften, Orangen, Bananen) und Gemüse (Gurke, Paprika, Tomate) sowie gespritzt als Garnitur verwendet werden.

✳ 89 ✳

Gefüllte Eier
delikat garniert (Abb.)

3 hartgekochte Eier, 100g Butter, Salz, weißer Pfeffer, Zitronensaft, Worcestersoße.

Die hartgekochten Eier pellen, längs halbieren, das Eigelb herausnehmen und durch ein Sieb streichen. Zur schaumig geschlagenen Butter das Eigelb geben und beides mit den würzigen Zutaten gut verrühren. Die Eikrem in einen Spritzbeutel mit Sterntülle füllen und in die Eihälften spritzen.

Mögliche Garnituren:
– deutscher Kaviar, Zitrone, Dill
– kleines Salzgebäck, Gemüsepaprika, Petersilie
– Champignons, Paprika, Petersilie

✳ 90 ✳

Tomaten-Eier (Abb.)

3 hartgekochte Eier, 1 1/2 EL Tomatenmark, 1 EL Mayonnaise, 1/2 TL Senf, Zucker, Salz, Pfeffer, Paprikapulver, Worcestersoße.

Die hartgekochten Eier pellen, längs halbieren, das Eigelb durch ein Sieb streichen. Das Eigelb mit Tomatenmark, Mayonnaise, Senf und den Gewürzen schaumig rühren. Die Tomatenkrem in die Eihälften spritzen.

Garnitur: Zwiebelringe, kleines Salzgebäck, Zitrone, Petersilie.

✳ 91 ✳

Sahne-Apfelquark

400g Quark, 8 EL Apfelmus, 4 EL gehackte Mandeln, 1/4l süße Sahne, 1 P Vanillinzucker, Zucker.

Den Quark mit Apfelmus und gehackten Mandeln vermischen. Mit Zucker abschmecken. Die steifgeschlagene Sahne unterziehen, in Gläser füllen und garnieren.

Garnitur: geröstete Mandelsplitter.

✳ 92 ✳

Orangenquark
(für 6–8 Personen)

3 Orangen, 2 EL Rosinen, 1 Vanille-Puddingpulver, 5 EL Zucker, 1/2l Milch, 250g Quark, 2 Eier, 1 P Vanillinzucker, Zucker.

Das Fruchtfleisch der Orangen fein würfeln und mit den gewaschenen Rosinen vermengen. Nach Vorschrift einen Vanillepudding kochen und kaltrühren. Eigelb, Vanillinzucker und etwas Zucker unter den Quark rühren, bis er kremig ist und nach und nach den Vanillepudding dazugeben sowie die Orangen und Rosinen. Zuletzt das steifgeschlagene Eiweiß unterheben. In Gläser füllen und garnieren.

Garnitur: Walnußkerne, Orangenscheiben.

68
Obstsalat

89, 90
Gefüllte Eier und
Tomateneier

Herzhafte Quarkvariationen

Grundzutaten: 250g Magerquark, knapp $^1/_8$ l saure Sahne, Zucker, Salz, Pfeffer.

Variationen:

1. 2 TL feingehackte Zwiebeln, 1 EL Kräuter
2. 1 TL gehackter Kümmel
3. 2 EL feingehackte Gurken, 1 EL feingehackte Kapern, 1 EL feingehackte Zwiebeln, $^1/_2$ TL Senf
4. Liptauer Art – Sardellenpaste, 1 TL Senf, 50g geriebener Käse, 50g Butter, edelsüßer Paprika, Kräuter, feingehackte Zwiebel
5. 2 TL Curry, 4 EL feinwürfelige Ananas (Konserve)
6. 2 feingewiegte hartgekochte Eier, 1 Bund Schnittlauch feingewiegt
7. 1–2 EL geriebener Meerrettich
8. 4 EL feingehackte Champignons, 1 Apfel feinstreifig

Wenn Feste,
dann Feste

Von einigen alten Bräuchen
zur Weihnachtszeit

Das Fest der Geburt Christi wird erst seit dem 4. Jahrhundert am 25. Dezember gefeiert. Schon vorher war dieser Tag der Wintersonnenwende ein Fest.

Für die christlichen Gemeinden war es angemessener, an diesem Tag nicht dem »Sonnengott« zu huldigen, sondern die Geburt Christi zu feiern. Denn er ist nach dem Zeugnis der Evangelien »das wahre Licht, das jeden Menschen erleuchtet« (Joh. 1,9).

Von daher wird die ausgeprägte Lichtsymbolik verständlich, die sich bis heute im Brauchtum zur Weihnachtszeit erhalten hat. Andere Aspekte kamen nach und nach hinzu: Weihnachten wird zum Geschenkfest, zum Fest der Familie, des Friedens usw. All dies soll unsere Freude über die Menschwerdung des Erlösers zum Ausdruck bringen.

Um das Weihnachtsfest ranken sich viele Bräuche. Sie stammen zum Teil noch aus vorchristlicher Zeit. Manchen von ihnen merkt man ihren heidnischen Ursprung noch an, aber auch die nachfolgende christliche Sinngebung. Hier sollen nur einige Beispiele aus dem lokalen Brauchtum genannt werden, die mit dem Essen zu tun haben.

So berichtet der Heimatforscher Professor Wossidlo über das Weihnachtsfest im junkerlichen Mecklenburg: Welcher Bauer brächte es über das Herz, an einem solchen Tage nicht seiner treuen täglichen Helfer zu gedenken und sie besonders zu pflegen. Eine alte Frau erzählte:

Toirst hebben de Lüd wat krägen, wenn de Dannbom brennt hett. Nahst hebben sei de Pierd losmakt, denn hebben de in de Dör käken, dat se den Dannbom seihn künnen, un denn hebben se Hawer krägen.

Ein anderer erzählt: Heiligabend, wenn de Disch deckt wir un alles sitten ded, stünn de Bur, wo ick bi deinen ded, up. Wi güngen all achter em an. Dann kreg alles Veih bestes Fauder. Wenn alles besorgt wir, güng't wedder tau Disch. Ihre würd nich äten.

Der Volkskundler Richard Wolfram erforschte die Fest- und Tafelfreuden in Tirol und Salzburg.

Im Salzburger Land war das Bachlkoch mit seinen Bräuchen verbreitet: ein Mehlbrei mit Honig, Butter und Kümmel. Dieser Mehlbrei wurde am 24. Dezember meist um 11.00 Uhr eingenommen. Die Menschen dieser Gegend zählten nach dem Bachlkoch ihre Jahre. »Meine fünfzig Bachlkoch hab i a schon beinanda«, hieß es dann. Von dieser Mahlzeit versprach man sich Stärke fürs ganze Jahr. Deshalb wurde auch den Mächten der Natur, dem Wind zum Beispiel, ein Teil dieser Speise geopfert. Man gab davon einen Löffel aufs Dach oder auf den Zaunpfahl. Mit den Resten in der Pfanne ging die Hausfrau auch in den Obstgarten und sagte: »Bam eßt's!« Analog dem Bachlkoch in Salzburg wurde in Tirol das etwas üppigere »heilige Mahl« eingenommen. Es beginnt mit einer Erbsensuppe, dann folgt ein Mus mit Weinbeeren, und zum Schluß wird der berühmte »Blattlstock« verzehrt. Es ist ein übereinander gestocktes, dünnes Brot mit einer Füllung aus Mohn und Zucker, das mit Honigwasser übergossen wird. Der österreichische Priester und Volkskundler Hermann Mang hat das »heilige Mahl« treffend aufgezeichnet: »An einzelnen Orten ist das alte heilige Mahl noch mit vielen ursprünglichen Formen erhalten geblieben, so mit kultischem Schweigen, Waschung und Fasten. Eigenartig ist dabei, daß dazu immer auch Arme eingeladen werden und daß niemand mehr eintreten darf, wenn es einmal begonnen hat. Wenn jemand zu spät kommt, bedeutet es einen Todesfall in der Familie, und wer bei der Räucherung, die mit dem heiligen Mahl verbunden ist, nicht mitgeht, der wird als nicht mehr zur Familie gehörig betrachtet. Im heiligen Mahl der Weihnachtszeit ist die Familiengemeinschaft besonders stark betont, und vielleicht liegt zum Teil darin der Grund, daß um Weihnachten so viele Menschen heimgehen, trotz aller Winterkälte.«

Das Einladen eines Weihnachtsgastes war ebenfalls eine weitverbreitete caritative Sitte. Der Besuch eines Weihnachtsgastes – meist arme Leute des Dorfes, Handwerksburschen, auch Fremde – sollte Glück bringen. Auch glaubte man hungern zu müssen, wenn man Fremden nichts abgeben würde.

Ganz andere kulinarische Sitten und Bräuche vom Heiligabend sind uns aus der Lausitz überliefert. In der Zeitschrift »Unsere Heimat« vom 20. Dezember 1925 wird folgendes berichtet:

Das bekannteste Gericht an diesem Abend ist in den meisten Familien Heringssalat oder das »Zwölferlei Gericht«. Die Zahl 12 spielt zur Weihnachtszeit eine hervorragende Rolle. Deshalb hat sich denn auch der Salat aus zwölferlei zusammenzusetzen. Die Mutter muß sich hüten, etwas zu vergessen. Kartoffeln, Möhren, Äpfel, Zwiebeln, Hering, saure Gurken, Salz, Pfeffer, Speck, Tafelöl, Essig und Senf müssen zu einem schmackhaften Ganzen sich vereinigen – so verlangt es das Rezept fürs »Zwölferlei Gericht«.

So gehörten Tafelfreuden und damit verbundene Sitten überall in deutschsprachigen Landen zum Weihnachtsfest. Sie waren von Region zu Region, aber auch
schon von Dorf zu Dorf, unterschiedlich. Hungersnöte, Kriege und Armut ver-
änderten gerade die kulinarischen Bräuche. Deshalb gibt es darüber wenig histo-
risch gesichertes Wissen.

Von Karpfen, Hasen- und Gänsebraten

Zum Weihnachtsfestessen zählt man viele leckere Dinge, die zum christlichen Brauchtum dieser Festzeit gehören. Wer möchte es den Menschen versagen, fröhlich zu sein und auch den leiblichen Genüssen ein Recht zukommen zu lassen?

Am verbreitetsten sind in den deutschsprachigen Regionen als Festessen zur Weihnacht Hasen- und Gänsebraten sowie Karpfengerichte. Da das weihnachtliche Geschehen unseren ganzen Lebenskreis umfaßt, sollen nach altem Brauch Erde, Wasser und Luft das Mittagsmahl liefern. Deshalb gelten Hase, Gans und Karpfen als vorzügliches und treffendes Festessen.

Auf diese Festzeit hin wurde immer schon gespart und vorgesorgt. Bereits am Tag des Märtyrers Bartholomäus, dem 24. August, begann man mit der Mast der Gänse und der Aufzucht der Weihnachtskarpfen.

Der *Gänsebraten* wird auch mit dem 11. November, dem Tag des heiligen Martin, in Verbindung gebracht. Der Legende nach wollte sich der Heilige aus Bescheidenheit der Bischofsweihe dadurch entziehen, daß er sich versteckte. Aber aufgeschreckt gackernde Gänse verrieten, wo er war. Da auch der Martinstag festlich begangen wurde, gehört der beliebte Gänsebraten sowohl zu diesem Tag wie zu Weihnachten. Wer aber würde heute noch auf den Gedanken kommen und einem knusprig geratenen Gänsebraten ein paar hinreißende Verse widmen? Mönch Ekkehard IV. tat es, und zwar im Jahre 1060 in seinen »Benedictiones ad Mensas«, einem Hymnus in 280 (!) Hexametern auf den Speiseplan des Klosters von St. Gallen. Er lobte und pries darin das süße, pikante Fleisch der Gans. Gefüllt mit Pflaumen und allerlei Gewürzen, sollte sie am Spieß gebraten werden, und das nicht nur am Martinstag.

Es gab aber auch Pfarrer, die die Gänse mit besonders anschaulichen (jedoch nicht ganz ernstgemeinten) philosophischen und theologischen Weisheiten in Verbindung brachten. Pfarrer Melchior Fabius hat 1595 das Buch »Von der Martinsgans« geschrieben. Dieses Werk bezeichnete er als »Eine schöne Nützliche Predigt / ... ein heilsame anmahnung wie und was gestalt wir S. Martins Gans essen / und unser Leben in andern gang richten sollen.«

In seinen »Ernsthaften Gesprächen zum besonderen Tag« schrieb Pfarrer Junghans 1644 eine Weihnachtspredigt über das Gänseessen. Diese herzhafte, vergnügliche Ansprache hatte folgenden Wortlaut:

Weil nun das liebe Weihnachtsfest bevorsteht, wo die Gänse es gar übel haben, wollen wir unsere Weihnachtsgans betrachten:

1. im Leben
2. im Tode.

Wir werden sehen, was wir an ihr christlich lernen können, was Gott uns an derselben zu studieren gegeben hat. Was also das Leben der Gans anlangt, so haben wir zu lernen:

Erstens ihre Tugenden.

Unter diesen steht die Geselligkeit an erster Stelle. Gänse halten nicht allein zusammen und lieben also die Gesellschaft, sondern sie halten sich auch gern zu den Menschen. Das soll uns zu Gemüte führen, daß wir uns auch zu unseresgleichen und zu Besseren, denn wir selbst sind, halten sollen. Die Gänse gesellen sich aber nicht zu Adler, Geier, Habicht und dergleichen Raubvögel; also sollen wir uns zu frommen Herzen gesellen, nicht aber zu gottloser Gesellschaft uns halten. Denn es heißt: Bei den Frommen bist du fromm, bei den Reinen bist du rein, aber bei den Verkehrten bist du verkehrt.

An zweiter Stelle steht unter den Tugenden der Gans: die Reinlichkeit. Eine Gans ist gern an reinen Orten und badet sich oft im Wasser. Darum befleißt euch der Reinlichkeit und trachtet danach, daß ihr sowohl am Leibe als auch am Gemüt rein seid. Vor allem wisset aber ihr Frauen und Mädchen, daß euer vornehmster Schmuck und euer zierlichstes Kleid Scham und Zucht ist, aber nicht Gold und Perlen oder köstliches Gewand oder silberne und goldene Zöpfe, die heutigen Tages bei den Modedamen so beliebt sind.

An dritter Stelle steht unter den Tugenden der Gans nun: die Wachsamkeit. Weil die Gänse so sehr hitzig sind, so schlafen sie wenig und wachen schnell beim kleinsten Geräusche auf. Solches soll uns eine feine Aufmunterung sein zur Wachsamkeit, einem jeden in seinem Amte, Stande und Beruf. Im geistlichen Stande soll keiner des großen Gottes Worte vergessen: »Du Menschenkind, ich habe dich zum Wächter gesetzt«, da soll keiner ein stummer Hund sein, sondern getrost rufen und seine Kirchenkinder aus dem Sündenschlaf aufrütteln. Im weltlichen Regierungsstand aber soll jeder für seine Untertanen wachen und sie vor aller Gefahr behüten.

An vierter Stelle steht unter den Tugenden der Gans: die Schamhaftigkeit. Manchem, der sich ein Christ nennt, sollte es die Schamröte ins Gesicht jagen, daß er in dieser Tugend von einem Vogel übertroffen wird; denn was für unverschämte

Worte, ja Taten, werden oft im Beisein kleiner Kinder, vor züchtigen Ohren und Augen geredet und vorgenommen? Will doch Scheu und Scham fast verlöschen.

An fünfter Stelle endlich steht unter den Tugenden der Gans: eine natürliche Verschlagenheit, welche sonderlich an den wilden Gänsen wahrzunehmen ist und die sich in vorsichtigem Stillschweigen bei Gefahr offenbart. Wollte Gott, mancher Mensch wäre so klug, daß er sich ein Schloß an seinen Mund legte und ein fest Siegel auf seinen Mund drückte. Die natürliche Verschlagenheit der Gans aber zeigte sich auch in kluger Mäßigung und Enthaltung von Speisen, die der Gänsenatur zuwider sind. Die hitzigen Lorbeerblätter rühren die Gänse zum Beispiel nicht an, und sollten sie Hungers sterben. Sie sind also auch in dieser Hinsicht klüger als manche Menschen, die maßlos viel Essen und Trinken in sich hineinschütten.

Nachdem wir also die Tugenden der Gans kennengelernt haben, wollen wir uns sodann ihre Laster vergegenwärtigen. Dazu gehört zunächst die Schwatzhaftigkeit; denn des Schnatterns und Datterns ist ziemlich viel bei den Gänsen. Wir sagen daher wohl auch von einem Schwatzmaul: Du schnatternde Gans. Solch Laster aber steht dem Menschen übel; denn nur Narren haben allen Vorrat im Munde.

Als zweites Laster der Gans sei das viele Trinken genannt. So närrisch sind die Gänse, daß sie, wenn sie andere trinken sehen, sofort mittrinken, wenngleich sie auch gar keinen Durst haben. Dies Laster haben nun in heutiger Zeit viele von den Gänsen gelernt, also, daß sie einander zu Gefallen saufen, auch wenn sie nicht dürstet ... Die Trunkenheit aber macht einen Narren noch toller, so daß er trotzt und ochst, bis er wohl gebläut, geschlagen und verwundet wird.

Als drittes Gänselaster haben wir uns die Gefräßigkeit zu vergegenwärtigen, denn wegen des vielen Fressens werden die Leiber der Gänse derart beschwert, daß sie sich nicht mehr wie andere Vögel von der Erde erheben können. Also sind auch die Fresser, Völler und Dummen, sie füllen sich derart mit irdischen Dingen an, daß sie ihr Gemüt niemals zum Himmel schwingen können.

Seht, so haben wir an einer Gans, solange sie lebt, zu lernen, doch nun lasset uns sie auch noch nach ihrem Tode betrachten. Wie wir wissen, geben die Gänse von Martini ab einen guten Braten. Verständige Köchinnen wissen ihm einen lieblichen Geschmack zu geben und füllen ihn mit guten Äpfeln und Beifuß. Ferner liefert uns die tote Gans die Federn für unsere Betten. Was aber gibt es besseres als ein gutes, weiches Federbett, wenn man abends müde gearbeitet und abgeseelt ist? – Sanfte Ruh gönnt uns Gott, und darum hat er uns auch die Nacht zum Schlafen gemacht.

Sodann gewinnt man von der toten Gans gar mancherlei Arzeneien. Die mitternächtigen Völker mischen, wie Claus Magnus in lib. 39, cap. 6 schreibt, Gänsefett mit Butter und benutzen dies Gemisch zum Blutstillen oder zur Heilung von Geschwüren und Ausschlag. Auch gegen das Schwären der Ohren wenden sie es an. Tun sie noch Honig zu ihrem Gemisch, so sollten sie damit den Biß eines wütenden Hundes heilen. Die Schreibfedern, die so manchen zu hohen Ehren gebracht haben, verdanken wir ebenfalls der toten Gans. Marcus Tullius, Cicero und Terentius Varro waren nur von unbedeutendem Geschlecht und doch sind sie durch ihre Schreibfedern Bürgermeister von Rom geworden. Martini Luthers Schreibfeder reichte von Wittenberg bis Rom, und auch sie war von einer Gans genommen. Eine Gänsefeder kann viel zustande bringen; darum heißt es auch im Rätselreim von ihr: »Weil ich leb', so schweige ich; bin ich tot, so kann ich nicht. Wenn man meinen Kopf schneid ab, zugespitzt den Hals mir hat, da fang ich zu schreien an, daß alle Welt mich hören kann. Ohne mich kann kein König regieren, zu hoher Ehr tu manch' Armen ich führen.«

Weil ihr nunmehr die Gans gründlich im Leben und im Tode habt kennengelernt, so befleißigt euch, daraus den nötigen Nutzen zu ziehen. Dann wird die duftende, braungebratene Weihnachtsgans euch noch einmal so gut munden und bekommen.

Hinzufügen könnte man noch »Guten Appetit« und »Wohl bekomm's«. Vielleicht munden die aufgeführten Rezepte für Gänsebraten jetzt noch einmal so gut.

✳ 94 ✳

Mecklenburger Gänsebraten
(für 8 Personen)

1 Gans, Salz, Beifuß, ¹/₂–1 l Wasser, 2–3 EL Mehl
Für die Füllung: 1 kg säuerliche Äpfel, 200 g Backpflaumen.

Die ausgenommene Gans waschen, abtrocknen und von innen mit Salz und Beifuß, von außen mit Salz einreiben. Äpfelviertel (ohne Schale und Kerngehäuse) mit den eingeweichten Backpflaumen mischen, die Gans damit füllen und die Öffnung zunähen bzw. mit Rouladennadeln zusammenstecken. Nun die Gans mit dem Rücken nach unten in eine Bratpfanne legen, etwas heißes Wasser zugießen, in den Backofen schieben und sie 2¹/₂–3 Stunden abbraten. Während des Bratens unterhalb der Flügel und Keulen einstechen, damit das Fett besser ausbraten kann. Die Gans häufig mit dem Bratenfett übergießen. Das Gänsefett muß zwischendurch abgeschöpft werden. Wird der Bratensatz gut braun, nach und nach bis ¹/₂ l heißes Wasser zugeben und weiter die Gans übergießen. Kurz vor Ende der Garzeit die Gans mit kaltem Salzwasser bestreichen, damit die Haut knusprig wird. Die fertige Gans herausnehmen, portionieren und warm stellen. Dann den Bratensatz mit Wasser loskochen, Mehl und etwas Wasser verquirlen und damit die Soße binden.

Garnitur: in heißer Butter angeschwenkte Apfelscheiben, gefüllte Äpfel, Petersilie.

Beilagen: Apfelrotkohl, Salzkartoffeln.

95

*Berliner Gänsebraten
(für 8 Personen)*

1 Gans, Salz, Majoran, 1 kg säuerliche Äpfel, ¹/₂ l Wasser, gut ¹/₈ l saure Sahne, 2–3 EL Mehl.

Die küchenfertige Gans von innen mit Salz und Majoran, von außen mit Salz einreiben. Äpfelviertel mit Schale, aber ohne Kerngehäuse in die Gans füllen und zunähen. Wie den Mecklenburger Gänsebraten garmachen und portionieren. Für die Bratensoße wird die saure Sahne mit dem Mehl angerührt.

Garnitur: in heißer Butter angeschwitzte Zwiebelringe oder Apfelscheiben.

Beilagen: Grünkohl, Sauerkraut, Salzkartoffeln, Petersilienkartoffeln, Kartoffelpüree, Kartoffelklöße.

96

Weihnachtsgans mit Äpfeln und Rosinen (für 8 Personen)

1 Gans, Salz, ¹/₂–1 l Wasser, 1 gestr. EL Stärkemehl.

Für die Füllung: 1 kg säuerliche Äpfel, 150 g Rosinen, 3 EL Semmelbrösel.

Die küchenfertige Gans von innen und außen mit Salz einreiben. Äpfel schälen, Kerngehäuse entfernen, achteln, mit den eingeweichten Rosinen und den Semmelbröseln mischen und die Gans füllen. Wie Mecklenburger Gänsebraten zubereiten, die Soße mit Stärkemehl binden.

Garnitur: gefüllte Äpfel mit Johannisbeeren, Orangenscheiben, Petersilie.

Beilagen: Rosenkohl, Rotkohl, Salzkartoffeln, Kartoffelpüree, Kartoffelklöße, Waldorfsalat.

Der *Hasenbraten* steht dem Ruhm des Gänsebratens natürlich nach. Während die Römer noch glaubten, daß das Hasenfleisch schön mache, hielten es die Menschen im Mittelalter für schädlich, weil es angeblich Melancholie erzeugen würde. Außerdem galt der Hase als Zeichen der Unkeuschheit. Um seine ihm deshalb unterstellte Gesinnung nicht schmecken zu müssen, wurde das Fleisch häufig überwürzt. Daher rührt auch der Name »Hasenpfeffer«. Ein zeitweiliges Verbot des Hasenbratens fand jedoch kaum Beachtung.

Viele Millionen Hasen in Wald und Flur boten so seit Jahrhunderten die feste Gewähr für einen saftigen Hasenbraten zum Weihnachtsfest.

Hasen, die ausgenommen, trocken und kühl bis eine Woche vor dem Festmahl lagern, ergeben eine besondere Delikatesse. Interessante und schmackhafte Zubereitungsvarianten mit Bratgemüse, Rotwein, Senf, Johannisbeer- oder Preiselbeergelee, Lorbeerblatt, Pfefferkörnern, Knoblauch, saurer Sahne und spezifischen regionalen Gewürzen bieten die Gewähr für vielfältige delikate Hasenbraten zur Festzeit (*Abb. 18*).

✶ 97 ✶

Hasenbraten in Rahmsoße
(für 6 Personen)

1 Hase;

Für die Marinade: 1 l Buttermilch oder saure Sahne, 8 Wacholderbeeren, 3 Pimentkörner, 4 Pfefferkörner, 2 Lorbeerblätter, 1 Zwiebel in Scheiben;

Salz, Pfeffer, 60 g Margarine, 100 g Speckscheiben, 1–2 Zwiebeln, 1 Mohrrübe, 1 Selleriescheibe, $1/4$ bis $1/2$ l heißes Wasser, $1/4$ l saure Sahne, 1 EL Mehl.

Den Hasen portionieren (Keulen, Läufe, Rücken), die Gewürzzutaten der Marinade zwischen das Fleisch streuen und die Buttermilch bzw. saure Sahne dazugeben. Zugedeckt kalt stellen. Nach 2 Tagen das Fleisch herausnehmen, abtropfen lassen, enthäuten, mit Salz und Pfeffer bestreuen. Margarine in der Bratpfanne erhitzen, Hasenstücke vermischt mit den Speckscheiben hineinlegen und im Ofen 1–1 $1/2$ h je nach Alter des Tieres braten. Sobald der Bratensatz bräunt, in Würfel geschnittenes Röstgemüse (Zwiebel, Möhre, Sellerie) hinzugeben und mitbraten. Wenn alle Bratzutaten Farbe haben, etwas heißes Wasser hinzugeben und das Fleisch mit dem Bratensatz begießen. Bei Bedarf immer etwas heißes Wasser zugießen. In den letzten 10 Minuten der Bratzeit den Hasen mit saurer Sahne übergießen. Das gare Fleisch herausnehmen und warm stellen. Bratensatz lösen und mit 4 EL Wasser angerührtem Mehl binden. Soße 5 Minuten kochen lassen, durch ein Sieb streichen, mit Salz abschmecken.

Garnitur: Preiselbeeren, Johannisbeeren, gefüllte Äpfel oder Birnen, Pilze, Petersilie.

Beilagen: Rotkohl, Sauerkraut, Rosenkohl, Pilze, verschiedene Kloßzubereitungen, Knödel, Spätzle, Nocken, Salzkartoffeln.

Hasenbraten auf Wiener Art
(für 6 Personen)

1 Hase;
Für die Marinade: 3/4 l Wasser, gut 1/8 l Essig, 1 Mohrrübe, 2 Scheiben Sellerie, 2 Zwiebeln, 8 Wacholderbeeren; 80 g Speckstreifen, Salz, Pfeffer, 1 Knoblauchzehe, Wacholderbeeren, 75 g Margarine, 1–2 Zwiebeln, 1 Mohrrübe, 1 Selleriescheibe, 1 1/2 l klare Rinderbrühe, 1 Lorbeerblatt, 4 Pfefferkörner, 1–2 Gewürznelken, 1 Glas Rotwein, 1 TL Senf, 1–2 TL Johannisbeergelee, 1/8 l saure Sahne, 1 EL Mehl.
Wasser und Essig mit den Gewürzzutaten der Marinade aufkochen, kalt über das portionierte Hasenfleisch gießen. Die Marinade soll das Fleisch bedecken. Zugedeckt 2 Tage kalt stellen. Hasenfleisch herausnehmen, abtropfen lassen, enthäuten und mit den Speckstreifen spicken. Mit Salz und Pfeffer bestreuen und mit Knoblauch und den zerdrückten Wacholderbeeren einreiben. Margarine in der Bratpfanne erhitzen, Hasenfleisch hineinlegen und 1–1/2 h im Ofen braten. Sobald der Bratensatz bräunt, in Würfel geschnittenes Röstgemüse (Zwiebel, Möhre, Sellerie) hinzugeben und ebenfalls bräunen. Wenn alle Bratzutaten Farbe haben, nach und nach etwas Rinderbrühe hinzugeben und das Fleisch des öfteren mit Bratensatz begießen.

Lorbeerblatt, Pfefferkörner und Nelken werden mit dem ersten Unterguß der Rinderbrühe zum Braten gegeben. Rotwein, Senf und Johannisbeergelee 15 Minuten vor dem Garwerden in den Bratenfond rühren. Das gare Fleisch herausnehmen und warm stellen. Saure Sahne und Mehl verquirlen und den Bratenfond binden. Soße 5 Minuten kochen lassen, durch ein Sieb streichen, mit Salz abschmecken.
Garnitur: Preiselbeeren, Zitronenscheiben, gefüllte Äpfel, Pilze.
Beilagen: Apfelrotkohl, Preiselbeeren, Pilze, Spätzle, Teigwaren.

Hasenbraten in feiner Rotweinsoße
(für 6 Personen)

Für die Marinade: 1/2 l trockener Rotwein, 1/8 l Wasser, 1 Zwiebel in Scheiben, 1 Mohrrübe in Scheiben, 4 Wacholderbeeren, 6 Pfefferkörner, 2 Lorbeerblätter, eine Nelke, etwas geriebene Orangenschale;
Salz, Pfeffer, 60 g Margarine, 100 g Speckwürfel, 1–2 Zwiebeln, 1 Scheibe Sellerie, 2 TL Johannisbeergelee, 1 TL Senf, 1 TL Tomatenketchup, etwas abgeriebene Orangenschale, 1 EL Mehl, 1 Orange, 1 Schuß Weinbrand, 1/2 TL Zucker.
Den Hasen portionieren, die Gewürzzutaten der Marinade zwischen das Fleisch streuen und den mit Was-

ser vermischten Wein dazugeben. Zugedeckt unter mehrmaligem Wenden einen Tag kalt stellen. Hasenfleisch herausnehmen, abtropfen lassen, enthäuten und mit Salz und Pfeffer bestreuen. Speckwürfel in der heißen Margarine bräunen, das Hasenfleisch dazugeben und 1–1 1/2 h im Ofen braten. Bräunt der Bratensatz, in Würfel geschnittene Zwiebeln und Sellerie hinzugeben und ebenfalls bräunen. Wenn alle Bratzutaten Farbe haben, nach und nach die Rotweinmarinade mit den Gewürzen dazugeben und das Fleisch des öfteren mit dem Bratensatz begießen. 15 Minuten vor dem Garwerden des Fleisches Johannisbeergelee, Senf, Tomatenketchup abgeriebene Orangenschale in den Bratenfond rühren. Das gare Fleisch herausnehmen und warm stellen. Saft einer Orange mit dem Mehl verquirlen und den Bratenfond binden. Soße 5 Minuten kochen lassen, durch ein Sieb streichen, mit Salz, Zucker und Weinbrand abschmecken. Fleisch und Soße sehr heiß servieren.

Garnitur: Orangenscheiben, Preiselbeeren.

Beilagen: Preiselbeeren, Ananasrotkohl, Kartoffelbällchen.

In vielen Gegenden ist ein *Karpfengericht* das rechte Weihnachtsessen: ohne Karpfen kein Weihnachtsfest.

Als Fastenspeise war der Karpfen schon immer beliebt. Aber er dominiert auch heute noch als traditionelles Gericht am Heiligabend, am Weihnachtsfest oder zu Silvester. Klassische wie moderne Karpfenrezepte werden zur Weihnachtsfestzeit von vielen Hobbyköchen und Hausfrauen wie üblich angewandt oder neu erprobt. Die Fischverkaufsstellen haben jedenfalls vor den Festtagen »Hochkonjunktur«.

Weit verbreitet war in deutschen Landen der Brauch, in das Portemonnaie eine Schuppe vom Karpfen zu legen. Das sollte (angeblich) einen immer vollen Geldbeutel garantieren.

Der Fisch als uraltes christliches Symbol hat im Karpfen zum Weihnachtsfest bis heute seine kulinarischen Reize bewahrt.

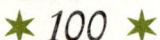

★ *100* ★

Karpfen blau
mit Sahnemeerrettich (Abb.)
1 Karpfen (1,5 kg), 2 l Wasser, 6–7 EL Essig, Salz, 3–4 Pfefferkörner,

2 Pimentkörner, 2 Lorbeerblätter, 2 Zwiebeln, 1 Mohrrübe, 1 Scheibe Sellerie.

Für den Sahnemeerrettich:

2 EL geriebener Meerrettich, 2 EL saure Sahne, Salz, Pfeffer, Zucker.

Statt saurer Sahne kann auch Kaffee-
sahne oder ungesüßte festgeschla-
gene Sahne verwendet werden.
Den Fisch auf angefeuchtetem Brett
ausnehmen, gut reinigen, nicht
schuppen, damit die Schleimhaut un-
verletzt bleibt. Wasser und Essig mit
den würzenden Zutaten kurz aufkochen, den portionierten Karpfen hineingeben und 15 bis 20 Minuten auf
kleiner Flamme kochen lassen. Für
den Sahnemeerrettich alle Zutaten
verrühren und in einer kleinen Schüssel anrichten.
Garnitur: Zitronenspalten oder
-scheiben, Mohrrübe, Petersilie, Dill.
Beilagen: Zerlassene Butter, Rotkohl, Petersilienkartoffeln, Salzkartoffeln, Gemüsesalate.

⭐ 101 ⭐

Mariensterner Bratkarpfen
1 Karpfen (1,5 kg), Zitronensaft, Salz,
Pfeffer, 100g Butter, 3 Zwiebeln in
Streifen, gut 1/2 Tasse Semmelbrösel.
Den Karpfen schuppen, ausnehmen,
längs halbieren, Flossen und Kopf abschneiden, gut reinigen und in 2–3 cm
dicke Stücke schneiden. Die Stücke
von der Hautseite 2–3mal leicht einschneiden, mit Zitronensaft beträufeln und 1 Stunde kühl stehen lassen.
Karpfen abtrocknen, gut salzen und
pfeffern. In der Bratpfanne die Butter
erhitzen und Zwiebelstreifen leicht
bräunen. Karpfen hineingeben und

im Bratofen 8–10 Minuten zugedeckt
braten. Dann Semmelbrösel über den
Karpfen streuen und abgedeckt bei
starker Hitze bräunen.
Garnitur: Zitronenscheiben oder
-spalten, Petersilie.
Beilagen: Bratbutter, Semmelbutter,
Rotkohl, Petersilienkartoffeln, Kartoffelpüree, Gemüsesalate.

⭐ 102 ⭐

Gebackener Karpfen
1 Karpfen (1,5 kg), Zitronensaft, Salz,
Pfeffer, etwas Mehl, 2 Eier, 2 EL Wasser, Semmelmehl, Fett zum Backen.
Den Karpfen wie Mariensterner
Bratkarpfen vorbereiten. Karpfen-
portionen salzen, pfeffern, in Mehl
wenden, durch geschlagenes Ei ziehen (Eier und Wasser) und mit Semmelmehl panieren. In reichlich Fett
15 Minuten schwimmend von beiden
Seiten goldgelb backen.
Garnitur: Zitronenspalten, Petersilie.
Beilagen: Sahnemeerrettich, Mayon-
naisesoßen, Petersilienkartoffeln,
Kartoffelsalat, Gemüsesalate.

⭐ 103 ⭐

Böhmischer Karpfen
1 Karpfen (1,5 kg), Salz, Pfeffer, 2 Tassen feinstreifige Sellerie, Mohrrüben
und Zwiebeln, 1 Flasche Bier (0,5 l),

Karpfenblut, 2–3 EL Essig, 0,2 l Rotwein, 8 Pfefferkörner, 4 Pimentkörner, 1 Lorbeerblatt, 75 g geschälte, in feine Stifte geschnittene Mandeln, 1 1/2 EL Rosinen, 10 in Streifen geschnittene Backpflaumen, Zucker, 60 g geriebener Lebkuchen, Zitronensaft, 40 g Butter.

Sellerie, Mohrrüben und Zwiebeln in dem Bier weich kochen und gut mit Karpfenblut verrühren. Mit Essig und Rotwein würzen. Pfefferkörner, Pimentkörner und Lorbeerblatt im Gewürzsäckchen sowie Mandeln, Rosinen und Backpflaumen hinzugeben. Mit Zucker abschmecken und gut durchkochen. Die Soße durch ein Sieb geben. In den durchgesiebten Soßenfond die mit Salz und Pfeffer gewürzten portionierten Karpfenstücke geben und 15 Minuten kochen. Karpfenstücke herausnehmen und warm stellen. Die Soße mit geriebenem Lebkuchen binden und die im Sieb verbliebenen Zutaten (Sellerie, Mohrrübe, Zwiebel, Mandeln, Rosinen, Backpflaumen) beigeben. Mit Zitronensaft abschmecken und mit Butterflocken verrühren. Einen Teil der Soße über den angerichteten Fisch gießen. Die restliche Soße gesondert servieren.

Garnitur: Weichgekochte Backpflaumen, Zitronenscheiben, geröstete Mandelscheibchen.

Beilage: Semmelknödel, Gemüsesalate.

Tafelfreuden
zur Weihnachtszeit

Wie schön ist es, sich nach Krippenfeier und Bescherung am festlich gedeckten Tisch zu versammeln. Fehlte das Festessen, wäre das Fest wie eine nichtgesalzene Suppe. Und irgendwie verzaubert so ein Festmenü die Tischgemeinschaft immer. Die leckere, raffinierte Vorspeise erfreut den Magen. Der Suppenduft schafft eine freudige Erwartung auf warmes Wohlbehagen. Das Hauptgericht, der knusprige Braten mit der exzellenten Soße, das pikante, saftige Steak oder der appetitlich angerichtete Fisch bilden mit den abwechslungsreichen Beilagen den kulinarischen Höhepunkt. Jeder ist nun des Lobes voll, und weil es so gut geschmeckt hat, ist man satt, und so mancher sagt: »Ich kann nicht mehr!« Ja, wer kennt sie nicht, die »Naschkatzen«, die sich bei jedem Festessen schon vor dem ersten Gang auf die süße Delikatesse freuen?

Bei den Leckerbissen der Festtafel werden die Sorgen des Alltags vergessen, das Gefühl der Gemeinschaft wird verstärkt.

Bevor es aber soweit ist, gibt es ein bis zwei übervolle Arbeitstage, und das darf natürlich nicht allein die Hausfrau treffen. Für jeden soll es eine Ehrensache sein, bei den Vorbereitungen zu helfen. Denn nur so können wirklich alle frohe und glückliche Feiertage verleben. Auch braucht das Essen am Heiligen Abend nicht so komfortabel zu sein wie an den Feiertagen.

Viele, denen es Freude bereitet, werden sich an die kulinarischen Traditionen – Gans, Hase, Karpfen – halten.

Da die Geschmäcker aber verschieden sind und sich ein anderes Ernährungsbewußtsein herausgebildet hat, werden statt der fetten Gans in zahlreichen Haushalten gutbekömmliche Geflügelgerichte von Enten, Puten und Hühnern, festliche Wildgerichte, besonders von Reh und Hirsch, oder moderne kurzgebratene Gerichte – Cordon bleu, Filetsteak Strindberg ... – zubereitet. Für den Heiligen Abend schlagen wir vor, daß, unabhängig von allen Familientraditionen, kein großes Menü gereicht wird. Kalte Speisen oder einfache warme Zubereitungen sollten die Küchenarbeit möglichst auf ein Mindestmaß beschränken. Dazu gehört auch das vorherige Einfrieren von geeigneten Speisenkomponenten (Suppe,

Rotkohl, Sauerkraut …). Ein Menü mit drei Gängen ist an diesem Abend eine geeignete Möglichkeit.

Am 1. Weihnachtsfeiertag können dann alle kulinarischen Register gezogen werden. Ob traditionell oder modern. Es darf ein vorzügliches Festessen werden. Am zweiten Festtag wird aus den Resten etwas Gutschmeckendes improvisiert. Hierfür werden keine besonderen Rezeptbeispiele aufgeführt. Es lassen sich z. B. Suppenreste mit gutem Brühpulver verlängern und aufbessern, dgl. gilt für Bratensoßen, während Bratenreste entweder aufgewärmt oder als Ragout zubereitet werden. Kartoffeln können in Klöße verwandelt werden, und sollte das Gemüse nicht reichen, wird eine Konserve geöffnet und das fertige Gemüse naturell mit Butter angeschwenkt. Auf das Dessert braucht nicht verzichtet zu werden, wenn fertiges Kompott oder Eis – von Kindern immer gern gegessen – gereicht wird. Damit die Tafelfreuden der Weihnachtszeit einen wirklich festlichen Rahmen erhalten, möchten neben den Speisenangeboten und Rezepturen Hinweise zur Tischdekoration, Tips für Festmenüs und eine kleine Weinkunde Ihre Vorbereitungen erleichtern helfen.

Regeln für ein festliches Menü

Ein festliches Menü besteht in der Regel aus 3 bis 5 Gängen. Folgende Speisenfolgen haben sich durchgesetzt:

1. Variante	2. Variante	3. Variante	4. Variante
Suppe	kalte Vorspeise	Suppe	kalte Vorspeise
Fleischgang	Suppe	warme Vorspeise	Suppe
Nachspeise	Fleischgang	(Zwischengericht)	Fischgang
	Nachspeise	Fleischgang	Fleischgang
		Nachspeise	Nachspeise

Es ist aber auch üblich, Käsespezialitäten oder einen Mokka als Abschluß zu servieren. Bei der Zusammenstellung eines festlichen Menüs ist es lohnend, einige Hinweise zu beachten, damit das festliche Essen ein Höhepunkt wird.

✶ Ausgangspunkt für die Planung sollte der Anlaß des Essens – Weihnachtsspeisenfolge, Silvestermenü, Dreikönigsessen … – sein. Die Speisen- und Getränkeauswahl ist entsprechend zusammenzustellen.

✶ Der Geschmack der Gäste sollte vorrangig berücksichtigt werden. Bei älteren Gästen sollten z. B. neutrale und traditionelle Speisenfolgen gewählt werden. Jüngeren Gästen können gewagtere Kombinationen angeboten werden.

✶ Bei der Zusammenstellung des Festmenüs sollte das harmonische Farbspiel

der Gänge, aber auch des Gerichtes beachtet werden. So ergäbe z. B. ein Hüh-
nerfrikassee mit Risotto und Butterspargel keinen Farbkontrast.

* Rohstoffwiederholungen, z. B. Fisch in zwei Gängen oder eine mehrmals an-
gewandte Garmachungsart, z. B. gebratener Fisch und anschließend eine
kurzgebratene Fleischspeise, stören die Harmonie des Festmenüs.

* Das Menü sollte stets den technischen Möglichkeiten (Herdgröße, Gefrierka-
pazität) und dem Angebot im Handel angepaßt sein. Außerdem sind ernäh-
rungsphysiologische Grundsätze, z. B. Vollwertigkeit, Bekömmlichkeit und
geschmackliche Harmonie der Speisen zu berücksichtigen.

* Dem Ideenreichtum sollen bei Beachtung all dieser Regeln keine weiteren
Grenzen gesetzt werden. So sollten liebevoll gestaltete Menükarten, die ein
beliebtes Andenken für die Gäste sind, nicht fehlen. Eine Menükarte kann
der i-Punkt eines Festmenüs sein, wenn die Speisenfolgen phantasiereich dargestellt werden.

Wovon ist ein gutes Festmenü abhängig?

Tischdecken zum Weihnachtsfest

Der Freude angemessen, die uns an diesem Fest der Geburt Christi erfüllt, wird
der Tisch mit feiner Tischwäsche und schönem Geschirr gedeckt. Das Beste, was
wir im Schrank haben, ist eben gut genug. Auch unsere Gäste sollen spüren, daß
wir ihnen ein schönes Fest bereiten wollen. Aber bei aller Phantasie, die wir auf
das Decken des Festtisches verwenden, sollten wir einige Grundregeln beachten:
Jeder Gast braucht etwa 70–90 cm Tischlänge, um sich nicht beengt zu fühlen.
Auf Beistelltischen oder Servierwagen können Schüsseln und Platten abgestellt
werden, die auf dem Festtisch keinen Platz finden. Die Tischdecke sollte so groß
sein, daß sie nach allen Seiten 15–20 cm herunterhängt.
Zur Sorgfalt des Tischdeckens gehört auch, daß das Tafeltuch vor dem Auflegen
sorgfältig glattgebügelt wurde. Für jeden Gast wird zunächst der Teller für das
Hauptgericht eingedeckt, immer ein wenig von der Tischkante entfernt. Darauf
kommt ein Abendbrotteller für die Vorspeise oder ein Suppenteller, je nachdem,
was es geben soll.
Das Besteck wird so gelegt, daß neben dem Teller das Besteck für das Hauptgericht liegt, dann folgt der Löffel für die Suppe bzw. das Besteck für die Vorspeisen. Der Gast benutzt es in umgekehrter Reihenfolge, also von außen nach innen.
Rechts vom Teller steht das Weinglas – oder die Weingläser, wenn mehrere Sorten
Wein angeboten werden – und links das Kompottschälchen, wenn erforderlich.
Der kleine Löffel liegt oberhalb des großen Tellers. Die Untersetzer für die Weingläser können farbige Papiersterne sein. Überhaupt: mit ein wenig Phantasie …!

Hier einige Vorschläge zur Tischdekoration

★ Auf einer grünen Tischdecke oder Tannenzweigen kann man vergoldete oder silbern gefärbte Nüsse und kleine rote Äpfel verstreuen.

★ Ein kleines Arrangement entsteht, wenn in eine mit Wasser gefüllte Glasschale Tannengrün gelegt wird, das den dunklen Hintergrund für eine Orchideenblüte bildet. Andere schmückende Komponenten wären die farbigen Hochblätter des Weihnachtssternes oder Alpenveilchenblüten.

★ Kleine Tannenzweiggestecke wirken sehr dekorativ, wenn sie mit vergoldeten oder silbern gefärbten Walnüssen bzw. Stroh- und Papiersternen oder selbstgebastelten Weihnachtssymbolen aus Suralin behangen werden.

★ Eine Komposition aus Tannengrün und wertvollen Trockenpflanzen, wie zum Beispiel Silber- oder Golddisteln, kann sehr festlich wirken.

★ Selbstgefertigte Tischkarten in Form von Tannenbäumen, Sternen und Herzen sind bei mehr als sechs Personen zu empfehlen.

Weinregeln zum Fest

Beim weihnachtlichen Festmahl erhöhen ausgewählte Weine die Tafelfreude und machen das Essen bekömmlicher. Für das Festessen können bis zu fünf Weine serviert werden. Wer aber einen guten halbtrockenen Sekt anbietet, könnte aller Weinsorgen enthoben sein.

Wird aber Wein angeboten, dann gelten folgende Regeln für die Getränke- und Gläserwahl:

★ Man sollte mit einem leichten Wein beginnen und mit schwerem das Mahl beenden.

★ Zu leichten Speisen werden leichte Weine und zu schweren Speisen schwere Weine empfohlen.

★ Zu hellen Speisen – Schwein, Kalb, Huhn, Pute – werden Weißweine getrunken.

★ Spritzige, leichte Weißweine sind für magere Süßwasserfische und gehaltvollere, blumige Weißweine für See- und Fettfische zu empfehlen. Zum Fischgericht innerhalb des Menüs gehört Wein, denn: Poisson sans boisson est poisson – Fisch ohne Getränk ist Gift – sagt der Franzose.

★ Rotweine werden am besten zu Wildfleisch-, Rind- und Hammelgerichten sowie zu Enten- und Gänsebraten angeboten.

★ Süßspeisen verlangen gehaltvolle Dessert- oder Schaumweine.

* Weißweine schmecken am besten, wenn man sie aus einem kelchförmigen Glas trinkt, das sich nach oben verengt, weil so die flüchtigen Bukettstoffe nicht so leicht entweichen können. In klaren Gläsern kommt der Goldton des Getränkes besonders gut zur Geltung.
* Rotweine hingegen entwickeln ihre Duftstoffe langsamer. Sie benötigen Sauerstoff und werden deshalb in ein Glas mit größerem Kelch gefüllt. Rotweingläser werden nur halb gefüllt, damit die Möglichkeit des Schwenkens besteht.
* Alkoholreiche Dessertweine trinkt man besser aus kleineren Gläsern.

Außerdem müssen die Tischweine richtig temperiert sein.
Empfehlenswerte Temperaturen für die Weißweine sind:
+ 8 bis + 10 °C   junge, spritzige Weißweine
+ 10 bis + 12 °C   leichte Weißweine (Spitzenweine und Originalabfüllungen)
+ 8 bis + 9 °C   schwere Weißweine bester Qualität
Für Rotweine gilt nicht mehr generell die Regel, daß sie bei Zimmertemperatur von + 16 bis + 18 °C kredenzt werden sollen. Dies wird meist nur sehr wenigen französischen und italienischen Spitzenweinen zugesprochen. Vielmehr soll die Servicetemperatur bei Rotweinen + 10 bis + 13 °C betragen. Schwere, alte Rotweine dürfen mit + 13 bis + 18 °C serviert werden. Bei Dessertweinen beträgt die Servicetemperatur + 13 bis + 18 °C und + 6 bis + 8 °C beim Schaumwein.

Einfache Zubereitungen am Heiligen Abend
Es muß am Heiligen Abend kein großes Festessen geben. Einfache Speisenzubereitungen erleichtern die Arbeit – vor allem für die Hausfrau –, und die häusliche Gemeinschaft kann froh und besinnlich den Abend verbringen. Bei den folgenden Vorschlägen können die Suppen, das Sauerkraut und der Obstsalat vormittags zubereitet werden.

1. Variante
Tomatensuppe mit Champignons
und Kochschinkenstreifen
Bratwurst, Sauerkraut, Kartoffelpüree
Bunter Obstsalat
(Rezept Nr. 69)

2. Variante
Ukrainische Soljanka
Würstchen und Schnitzel mit
Kartoffelsalat
Erdbeerkompott mit Schlagsahne

Tomatensuppe mit Champignons und Kochschinkenstreifen

75 g Speck, 50 g Butter, 2 Möhren, 1/4 Sellerieknolle, 2 Zwiebeln, 3–4 EL Tomatenmark, 1 1/4 l Fleischbrühe, Champignonfond, Salz, Pfeffer, 1 EL Mehl, Zitronensaft, Zucker, 1 kleine Dose Champignons in Scheiben, 50 g Kochschinken, etwas Butter.

Speck in Würfel schneiden, ausbraten, Butter hinzugeben, Möhren, Sellerie und Zwiebeln in Würfel schneiden und im Fett leicht bräunen. Tomatenmark zugeben und mit etwas Brühe zweimal einkochen lassen. Mit der restlichen Brühe auffüllen, mit Salz und Pfeffer würzen und 10 Minuten kochen lassen. Mehl mit dem Champignonfond (Konserve) verquirlen, in die Suppe gießen und gut verrühren. Suppe 10 Minuten kochen lassen, durch ein Sieb gießen. Mit Zitronensaft, Zucker und Salz abschmecken, mit Butterflocken verfeinern. Champignonscheiben sowie in wenig Butter angeschwenkte feine Kochschinkenstreifen kurz vor dem Servieren dazugeben.

Bratwurst

4 Bratwürste, 1/8 l Milch, 50 g Margarine.

Bratwürste 1/2 h in der Milch einle-

gen, ab und zu wenden. Margarine erhitzen und die Würste von beiden Seiten knusprig braun braten. Die Bratwurst kann auch leicht eingeschnitten gebraten werden.

Apfelsauerkraut

30 g Schweineschmalz, 4 Scheiben fetten Speck, 2 Zwiebeln, 750 g Sauerkraut, 1/4 l fette Brühe oder Wasser, 2 Äpfel, eventuell Kümmel, Majoran und Wacholderbeeren, 1 rohe Kartoffel, Salz, Zucker.

Schweineschmalz zerlassen, darin erst die Speckscheiben auslassen und dann die in Streifen geschnittenen Zwiebeln anschwitzen, Sauerkraut daraufgeben, mit fetter Brühe oder Wasser auffüllen. Geschälte, vom Kerngehäuse befreite, in Scheiben geschnittene Äpfel hineinlegen. Je nach Geschmack können Kümmel, Majoran oder Wacholderbeeren hinzugegeben werden. Das Kraut garkochen, mit der geriebenen Kartoffel binden, nochmals kurz aufkochen lassen, mit Salz und Zucker abschmecken.

Garnitur: In Butter gebratene Apfelringe, gebratene Speckkämme.

★ 107 ★

Kartoffelpüree

1 kg Kartoffeln, 50 g Butter, $^1/_4$ l Milch, Salz.

Kartoffeln wie Salzkartoffeln kochen. Sind sie gar, das Wasser abgießen, die Kartoffeln durchpressen oder mit dem elektrischen Handrührgerät zerkleinern. Die Milch mit der Butter bis nahe ans Kochen erhitzen und hinzufügen. Das Püree gut durchschlagen und mit Salz abschmecken. Das Püree anrichten und mit einem Eßlöffel, der in heißes Wasser getaucht wird, formen und verzieren.

Garnitur: im Fett gebräunte Zwiebel- oder Apfelringe.

★ 108 ★

Ukrainische Soljanka (für 8 Personen)

100 g Bauchspeck, 40 g Margarine, 8 Zwiebeln, 400–500 g gekochtes oder gebratenes Fleisch, Kochwurst, Salami, Schinken, 5 Gewürzgurken, 4 bis 5 EL Tomatenmark, eventuell $^1/_4$ Glas Letscho, 2 l Fleischbrühe.

Gewürze: 1 Lorbeerblatt, 2 Pimentkörner, 4 Pfefferkörner, reichlich edelsüßer Paprika, Salz, Pfeffer, Zucker, 1 EL feingehackte Kapern, Zitronensaft, eventuell ein Schuß Weißwein.

Für die Garnitur: $^1/_8$ l saure Sahne, 8 geschälte entkernte Zitronenscheiben.

Speck in feine Streifen schneiden, in einem Topf mit wenig Margarine auslassen. Zwiebeln in feine Streifen schneiden, zugeben und glasig schwitzen. Fleisch, Wurst und Schinken in feine Streifen schneiden und in einer gesonderten Pfanne mit der restlichen Margarine anbraten. Zuerst die Kochwurst anbraten, da sie sonst in der Suppe oben schwimmt. Alles in den Topf geben und mit Tomatenmark anschwitzen, wobei etwas Brühe zugegeben wird. Eventuell klein geschnittenes Letschogemüse hinzugeben. Gurke in feine Streifen schneiden und unterrühren. Mit reichlich edelsüßem Paprika bestäuben und mit der Brühe auffüllen. Lorbeerblatt, Pimentkörner, Pfefferkörner und Kapern kommen hinzu. Soljanka 5–10 Minuten durchkochen und mit Salz, Pfeffer, Zucker, Zitronensaft und Weißwein säuerlich pikant abschmecken. Ukrainische Soljanka wird mit saurer Sahne und Zitronenscheiben angerichtet serviert.

★ 109 ★

Schnitzel

4 Schnitzel, Salz, Pfeffer, Mehl, 1 Ei, 1 EL Wasser, Semmelbrösel, 50 g Margarine.

Schnitzel klopfen, mit Salz und Pfeffer würzen und in Mehl wenden. Ei und Wasser mit einer Gabel gut schlagen bis sich Blasen bilden und Schnit-

zel eintauchen. Anschließend in Semmelbrösel wenden und fest andrükken. In heißer Margarine die Schnitzel knusprig braten.
Garnitur: Zitronenscheiben, Petersilie.

★ *110* ★

Großmutters Kartoffelsalat
(für 4–6 Personen)
1,5 kg Kartoffeln, 2–3 Eier, 8–10 EL Speiseöl, 1 TL Senf, 1 gestrichenen TL Zucker, Salz, Pfeffer, 1 Zwiebel, Essig, 2 EL Kräuter.
Mögliche weitere Zutaten: 1 kleiner Apfel, 1 Gewürzgurke, 1 hartgekochtes Ei.
Kartoffeln wie Pellkartoffeln abkochen, noch warm schälen und erkalten lassen. Mit einer Holzkelle Eier verrühren, nach und nach Öl dazugeben und Senf unterrühren. Diese Soße mit Zucker, Salz und Pfeffer kräftig würzen und die feinwürfelige Zwiebel hineingeben. Kalte Kartoffeln in dünne Scheiben schneiden und mit der Soße vermengen. Mit Essig säuern und eventuell mit Salz nachwürzen. Einige Stunden gut durchziehen lassen. Vor dem Servieren fein gehackte Kräuter dazugeben. Diesem Salat können auch ein feinstreifig geschnittener Apfel (ohne Schale und Kerngehäuse), feinstreifig geschnittene Gewürzgurken oder feingehacktes Ei zugegeben werden.
Garnitur: Gurkenfächer, Eischeiben, Petersilie.

Menüvariationen für das weihnachtliche Festessen
Keine Festzeit im Jahr hat so viele Sonn- und Feiertage hintereinander wie die Zeit von Heiligabend bis zum Fest der Erscheinung des Herrn, dem eigentlichen Weihnachtsfest der frühen Christenheit. Da die Gastlichkeit an diesen Tagen eine besonders große Rolle spielt, ist das Angebot von vier Menüfolgen sicher nicht übertrieben.

Menü I
★ Geflügelcocktail »Hawaii«
★ Filetsteak Strindberg mit feinem Letschogemüse, Butterspargel, Pommes frites
★ Gebratene Bananen mit heißer Schokolade

★ *111* ★

Geflügelcocktail »Hawaii«
200 g gekochtes Hühnerfleisch, 4 EL feinwürfelige Ananas (Konserve), Zitronensaft, Worcestersoße, weißer Pfeffer, Salz.
Cocktailsoße: 4 EL Mayonnaise,

1 EL Tomatenketchup, ¹/₂ TL Senf, Salz, Zucker, weißer Pfeffer, 1 TL geriebener Meerrettich.

Das Hühnerfleisch in feine Würfel schneiden und mit Ananas mischen. Mit etwas Zitronensaft und Worcestersoße beträufeln sowie mit Pfeffer und Salz würzen. Die Mayonnaise mit den übrigen Zutaten zu einer lieblich pikanten Soße verrühren. Das marinierte Fleisch in vier Weingläser füllen und mit der Cocktailsoße überziehen.
Garnitur: Zitronenspalte, Kirschen.
Beilage: Toast.

★ 112 ★

Filetsteak Strindberg

4 Rinderfiletsteaks (je 125 g), Salz, Pfeffer, 4–6 TL Senf, 1 ¹/₂ Tassen feinwürfelige Zwiebel, 3 Eier, 3 EL Wasser, 80 g Margarine.

Filetsteaks leicht klopfen, salzen, pfeffern, von beiden Seiten mit Senf bestreichen und Zwiebelwürfel gut andrücken. Eier und Wasser mit einer Gabel schlagen bis sich Blasen bilden, und die vorbereiteten Steaks eintauchen. In heißer Margarine langsam goldbraun braten. Öfter mit Bratfett begießen und auf einer vorgewärmten Platte anrichten. Die Steaks sollen nicht ganz durchgebraten sein.

★ 113 ★

Feines Letschogemüse

20 g Butter, 2 Scheiben Salami, 1 Zwiebel, ¹/₂ Glas Letscho, Salz, Zucker, Pfeffer, edelsüßer Paprika.

Butter erhitzen, feinwürfelige Salami kurz anbraten, Zwiebelwürfel anschwitzen, Letscho hinzugeben und kurz aufkochen lassen. Mit den Gewürzen abschmecken. In einer Schüssel servieren oder mit den Filetsteaks auf einer Platte anrichten.

★ 114 ★

Butterspargel

1 Spargelkonserve, Zucker, Salz, 40 bis 60 g Butter, 1 EL Petersilie.

Spargel in einen Topf geben, mit Salz und Zucker würzen und erwärmen. Butter in einer Pfanne erhitzen, gewürzten Spargel gut abgetropft in die Pfanne geben, vorsichtig im Fett schwenken. In einer Schüssel anrichten und mit Petersilie bestreuen.

★ 115 ★

Pommes frites

1 kg Kartoffeln, Backfett, Salz, Pfeffer.

Kartoffeln schälen, waschen und in gleichmäßige 5 × 1 cm große Stäbchen schneiden. In einem Tuch abtrocknen und in siedendem Fett schwimmend goldgelb backen. Pommes frites aus dem Fett nehmen, gut abtropfen lassen und kalt stellen. Vor dem Servieren ein zweites Mal im heißen Fett goldbraun backen. Die fertigen Pommes frites mit einer Gewürzmischung von Salz und Pfeffer bestreuen.

✳ *116* ✳

Gebackene Bananen
mit heißer Schokoladensoße (Abb.)
4 kleine Bananen, Zitronensaft, 40 g Butter, 1 TL Zucker, 150 g geriebene Schokolade, 20 g Butter, 4 EL Milch.
Für die Garnitur: 1/8 l Schlagsahne, 1 TL Zucker.
Schokolade, 20 g Butter und Milch in einem kleinen Topf erwärmen. Bananen schälen, mit Zitronensaft beträufeln und in heißer Butter beidseitig leicht bräunen. Zucker dazu geben und karamelisieren lassen. Warme Bananen auf Mitteltellern anrichten und mit heißer Soße übergießen. Garnitur: Sahnetupfer.

Menü II
✳ Indische Geflügelsuppe
✳ Gebratene Forelle mit gerösteten Mandeln und Orangenbutter, Champignonreis, Gemüsesalat
✳ Rum-Vanillekrem

✳ *117* ✳

Indische Geflügelsuppe
60 g Butter, 1 Zwiebel, 2 Äpfel, 1–2 TL Curry, 1 EL Mehl, 1 l Geflügelbrühe, 1 Tasse Sahne, 2 Eigelb, Salz, Zucker, Zitronensaft.
Für die Einlage: kleingewürfeltes Hühnerfleisch.
Butter erhitzen, Zwiebelwürfel und anschließend feinstreifige Äpfel (ohne Schale und Kerngehäuse) anschwitzen. Mit Curry und Mehl bestäuben. Alles gut verrühren, Geflügelbrühe auffüllen und unter Rühren aufkochen lassen. Sahne und Eigelb verquirlen und schnell mit dem Schneebesen in die leicht abgekühlte Suppe rühren. Hühnerfleischeinlage zugeben und mit Salz, Zucker und Zitronensaft abschmecken.

✳ *118* ✳

Gebratene Forelle
mit gerösteten Mandeln und
Orangenbutter
80–100 g Butter, 2 EL Orangensaft, abgeriebene Orangenschale, Salz, weißer Pfeffer, 4 Forellen, 2 EL Zitronensaft, Worcestersoße, Petersilienstiele, Salz, Mehl, 80 g Margarine, 50 g geschälte und halbierte Mandeln, 20 g Butter, 4 Zitronenscheiben.
Zuerst die Orangenbutter bereiten, indem die Butter schaumig gerührt und mit Orangensaft, Orangen-

schale, Salz und Pfeffer vermischt wird. Die Butter zu einer Rolle formen, in Butterpapier einwickeln und kalt stellen. Die ausgenommenen Forellen gut waschen, abtrocknen, mit Zitronensaft, Worcestersoße und Petersilienstielen marinieren und eine Stunde kalt stellen. Forellen gut abtropfen lassen, salzen, im Mehl wenden und 8–10 Minuten in heißem Fett von beiden Seiten braten. Auf vorgewärmter Platte den Fisch anrichten; mit in Butter gerösteten Mandeln bestreuen. Zitronenscheiben mit Orangenbutterstückchen belegen und damit den Fisch garnieren.

119

Champignonreis
250g Reis, 1 Zwiebel, 60g Butter, 1 kleine Dose Champignonscheiben, 1 EL gehackte Kräuter.
Zwiebel in Würfel schneiden und in Butter anschwitzen. Champignons untermischen, den nach Vorschrift körnig abgekochten Reis dazugeben, alles gut durchschwenken und salzen. Champignonreis in Tassen füllen, leicht festdrücken und auf eine Platte stürzen. Mit Kräutern bestreuen und servieren.

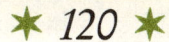

120

Rum-Vanillekrem
1 Vanille-Puddingpulver, 5 EL Zucker, 1/2 l Milch, 0,4 cl Rum oder Rumaroma, 50g Schokolade, 1/4 l Sahne, 1 P Vanillinzucker, geraspelte Schokolade.
Einen Vanillepudding mit 4 EL Zucker und 1/2 l Milch nach Kochvorschrift zubereiten und kaltrühren. Unmittelbar vor dem Servieren einen Schuß Rum oder Rumaroma, die feinwürfelig geschnittene Schokolade und die steifgeschlagene Sahne, die mit 1 EL Zucker und Vanillinzucker gesüßt wurde, unter den Pudding rühren.
In Schalen füllen und mit geraspelter Schokolade bestreuen.

Menü III
★ Cocktailbissen mit Kaviar und Dorschleber
★ Legierte Zwiebelsuppe
★ Gespickte Rehkeule in Rahmsoße, Butterchampignons, Mandelkartoffelbällchen
★ Orangenkrem

121

Cocktailbissen mit Kaviar und Dorschleber
8 runde ausgestochene Weizenbrotscheiben (ø 5 cm), 40g Butter, 1 hart-

gekochtes Ei in Scheiben, 4 Apfelscheiben, Zitronensaft, 1 Dose deutscher Kaviar, 1 Dose Dorschleber.
Für die Garnitur: Zitrone, Gemüsepaprika, Dill.
Die ausgestochenen Brotscheiben mit Butter bestreichen. Die Ei- und Apfelscheiben (ohne Kerngehäuse) auf je 4 Cocktailbissen verteilen. Die Apfelscheiben vorher mit etwas Zitronensaft beträufeln. Kaviar auf den Eischeiben und Dorschleber auf den Apfelscheiben anrichten. Auf Frühstücksteller legen und mit Zitronenscheiben, Paprikastreifen und Dill garnieren.

★ 122 ★

Legierte Zwiebelsuppe
8 Zwiebeln, 50g Butter, 1 EL Mehl, 1 l Fleischbrühe, 2 Eigelb, 1 Tasse Sahne, Salz, weißer Pfeffer, 1 Tasse geröstete Weißbrotwürfel ohne Rinde.
Zwiebeln in Streifen schneiden, in heißer Butter farblos anschwitzen, mit Mehl anstäuben und unter Rühren erhitzen, bis es hellgelb ist. Mit Brühe auffüllen und unter Rühren aufkochen lassen. Sahne und Eigelb verquirlen und schnell mit dem Schneebesen in die leicht abgekühlte Suppe rühren. Suppe anrichten und mit gerösteten Weißbrotwürfeln bestreuen.

★ 123 ★

Gespickte Rehkeule in Rahmsoße (Abb.)
1 kg Rehkeule, 60g Speck, Salz, Pfeffer, 50g Margarine, 1 Mohrrübe, 1 Scheibe Sellerie, 1 Zwiebel, 1/4 l Wasser, 3 Wacholderbeeren, 3 Pfefferkörner, 1/4 l saure Sahne, 1 EL Stärkemehl, Salz, Pfeffer, 1 TL Johannisbeergelee.
Eingelegte Rehkeule (siehe Nr. 97) abtrocknen, enthäuten, mit dünnen Speckstreifen spicken, salzen, pfeffern und in erhitzter Margarine anbraten. Würfelig geschnittene Mohrrübe, Sellerie und Zwiebel ins Bratfett geben und anbräunen. Fleisch mit dem Bratensatz begießen. Bräunt der Bratensatz, nach und nach heißes Wasser zugießen. Das Fleisch bis zur Beendigung der Bratzeit begießen. Das gare Fleisch auf einer vorgewärmten Platte anrichten und warm stellen. Saure Sahne mit dem Stärkemehl verquirlen und damit den Bratenfond binden. Soße mit Salz, Pfeffer, Johannisbeergelee abschmecken.
Garnitur: In Butter angebratene Apfelscheiben, Johannisbeergelee.

★ 124 ★

Butterchampignons (Abb.)
1 Dose Champignons, 40g Butter, Salz, weißer Pfeffer, Zitronensaft, 1 EL gehackte Petersilie.

Champignons (ohne Fond) in erhitzter Butter anschwenken. Mit Salz, Pfeffer und Zitronensaft abschmekken. Mit Petersilie bestreuen und heiß servieren.

★ 125 ★

Mandelkartoffelbällchen (Abb.)

750 g Kartoffeln, 1–2 Eigelb, 75 g geschälte, feingehackte Mandeln, Salz, Muskatnuß, Mehl, 2 Eiklar, 1 EL Wasser, Semmelbrösel, Backfett.
Kartoffeln schälen, waschen, wie Salzkartoffeln abkochen, abgießen und heiß durch die Presse geben. Kartoffelmasse in einem flachen Topf auf den Herd stellen, mit einer Holzkelle gut durchrühren, daß der Wasserdampf entweicht. Masse vom Herd nehmen. Mit Salz und geriebener Muskatnuß würzen. Eigelb und Mandeln unterrühren. Aus der noch warmen Masse auf bemehltem Brett eine etwa 2 cm dicke Rolle formen, diese zu 2 cm langen Stücken portionieren und zu Bällchen formen. Mit Mehl sowie mit Wasser, verschlagenem Eiklar und Semmelbröseln panieren. In heißem Backfett goldbraun backen.

★ 126 ★

Orangenkrem
12 g Gelatine, ⅛ l Orangensaft, 1 TL Zitronensaft, 100 g Zucker, ¼ l Sahne, abgeriebene Orangenschale.

Die Gelatine in wenig kaltem Wasser quellen lassen. Orangen- und Zitronensaft vermischen. Gelantine hinzugeben, erwärmen und unter Rühren auflösen lassen. Zucker und Orangenschale zugeben. Hat sich der Zucker aufgelöst, abkühlen lassen. Die Sahne steif schlagen und unter die halbsteife Krem rühren. In Schälchen oder Gläsern anrichten und kühl stellen.
Garnitur: Sahnetupfer, Orangenstückchen.

Menü IV
★ Champignoncocktail
★ Geflügelbrühe mit Eierstich
★ Hecht in Dill, Schwenkkartoffeln, Gemüsesalat
★ Feiner Entenbraten, Apfelrotkohl, Thüringer Kartoffelklöße
★ Obstsalat (Rezept S. 68, 69, 164)

★ 127 ★

Champignoncocktail (Abb.)

50 g Porree, 200 g Champignonscheiben (Konserve), Zitronensaft, Worcestersauce.
Für die Soße: 3 EL Mayonnaise, 3 EL saure Sahne, 1 TL Senf, Salz, weißer Pfeffer, Zucker.
Porree in feine Streifen schneiden und auf 4 Cocktailgläser verteilen.

Champignonscheiben mit Zitronensaft und Worcestersoße marinieren
und in die Gläser füllen. Die angegebenen Zutaten für die Soße gut verrühren und in die Gläser gießen.
Mit Toast servieren.
Garnitur: Zitronenspalt, Petersilie.

★ *128* ★

Geflügelbrühe mit Eierstich

1 Suppenhuhn, 2 1/2 l Wasser, Salz,
Suppengemüse (Möhren, Porree, Sellerie, Petersilienwurzel), 2 Eier, 1/8 l
Milch, Salz, Muskatnuß.
Das vorbereitete Huhn mit Herz und
aufgeschnittenem, gesäubertem Magen in 2 1/2 l kaltes, gesalzenes Wasser
geben, langsam weichkochen und
nach Bedarf abschäumen. 45 Minuten vor beendeter Garzeit das vorbereitete Suppengemüse zugeben und
mitkochen lassen. Zwischendurch
für den Eierstich die Eier, Milch, Salz
und etwas geriebene Muskatnuß verquirlen, in ein gefettetes Gefäß füllen
und zugedeckt in heißem Wasserbad
(es darf nicht mehr kochen) 30 Minuten stocken lassen. Masse stürzen
und in Würfel schneiden. Ist das
Huhn gar, die Brühe durch ein Sieb
gießen. In die Brühe kleingeschnitte-
nes Hühnerfleisch und den Eierstich
geben. Mit Salz und Muskatnuß würzen und heiß servieren.
Garnitur: Feingehackte Petersilie.

★ *129* ★

Hecht in Dill

1 Hecht (750 g), etwa 3/4 l Wasser,
Salz, Petersilienstiele, 1/2 Lorbeer-
blatt, 3 Pfefferkörner, 1 Zwiebel, 40 g
Butter, 1–2 EL Mehl, 1/8 l Sahne oder
Milch, 1 EL gehackter Dill (auch
Feinfrost), Salz.
Den Hecht küchenfertig vorbereiten
und in Portionsstücke schneiden.
Das Wasser mit würzenden Zutaten
(Salz, Petersilienstiele, Lorbeerblatt,
Pfefferkörner, Zwiebelviertel) kurz
aufkochen. Hechtstücke hineinlegen
und 15–20 Minuten sieden lassen.
Fischstücke herausnehmen und zuge-
deckt warm stellen. Aus Mehl und
Butter eine goldgelbe Mehlschwitze
bereiten und mit der durch ein Sieb
gegossenen Fischbrühe auffüllen.
Gut mit dem Schneebesen verrühren
und 10 Minuten auf kleiner Flamme
kochen lassen. Den gehackten Dill
und die Sahne unterrühren und salzen. Fischstücke in die Soße legen
und noch 5 Minuten ziehen lassen.
Den Fisch mit der Soße in einer
Schüssel anrichten.

★ *130* ★

Schwenkkartoffeln

750 g kleine Kartoffeln, Salzwasser,
40 g Butter.
Kartoffeln schälen, gut waschen, in

Salzwasser gar kochen und abgießen. Die noch heißen Kartoffeln in zerlassener Butter durchschwenken.
Garnitur: 1 EL feingehackte Kräuter.

★ 131 ★

Feiner Entenbraten
1 Ente, Salz, 2 Äpfel, 1/2–3/4 l Wasser, 3 EL Mehl.
Gesäuberte Ente abtrocknen, innen und außen salzen und mit geschälten und vom Kerngehäuse befreiten Äpfeln füllen. Die Öffnung zunähen und die Ente mit dem Rücken nach unten in eine Pfanne mit etwas heißem Wasser geben und in den vorgeheizten Backofen schieben. Bei mittlerer Hitze braten. Hin und wieder das Fett abschöpfen und die Ente mit dem Bratensatz begießen. Bräunt der Bratensatz, nach und nach heißes Wasser zugeben. Kurz vor Beendigung der Bratzeit die Ente mit kaltem Salzwasser bestreichen und bei starker Hitze braten, damit die Haut schön knusprig wird. Die gare Ente auf einer vorgewärmten Platte anrichten und warm stellen. Den Bratensatz mit Wasser loskochen und mit in wenig Wasser angerührtem Mehl binden. Soße mit Salz abschmecken.
Garnitur: angebratene Apfelscheiben, gefüllte Äpfel.
Tip: Das abgefüllte Fett für den Apfelrotkohl verwenden.

★ 132 ★

Apfelrotkohl
800 g feinstreifig geschnittener Rotkohl, Essig, Salz, Zucker, 5 EL Entenfett oder 60 g Schmalz, 2 Zwiebeln, 1/2 Lorbeerblatt, 2 Nelken, 3 Äpfel, 1/8 l Wasser, 1 TL Johannisbeergelee.
Rotkohl mit Essig, Salz und Zucker marinieren. Eine Zwiebel in feine Streifen schneiden, im Entenfett anschwitzen, den Kohl dazugeben und die von der Schale und vom Kerngehäuse befreiten, in Scheiben geschnittenen Äpfel, Wasser und eine mit Lorbeerblatt und Nelken gespickte Zwiebel sowie Johannisbeergelee hinzugeben und den Kohl dünsten. Ist der Kohl gar, die gespickte Zwiebel entfernen. Eventuell den Kohl mit in Wasser angerührtem Stärkemehl binden. Mit Salz, Zucker und Essig abschmecken.
Garnitur: Gebratene Apfelscheiben.

★ 133 ★

Thüringer Kartoffelklöße
2,5 kg Kartoffeln, Salz, 2 Tassen geröstete Weißbrotwürfel.
Kartoffeln schälen und waschen. Zwei Drittel der Kartoffeln in ein Gefäß mit etwas kaltem Wasser reiben. Die anderen Kartoffeln wie Salzkartoffeln abkochen und daraus mit ei-

nem Teil des Kartoffelwassers einen flüssigen Kartoffelbrei zubereiten. Die geriebenen Kartoffeln sehr gut mit einem Tuch auspressen, den heißen Kartoffelbrei dazugeben, alles vermengen und salzen. Darauf achten, daß der Teig nicht zu fest ist. Nun Klöße formen, in die geröstete Weißbrotwürfel eingearbeitet werden. Klöße in kochendes Salzwasser geben, zum Kochen bringen und 15 bis 20 Minuten garziehen lassen.

Festlicher Ausklang
mit einem Silvesterbüfett

Der letzte Tag des Jahres ist nach Papst Silvester I. benannt, der zwischen 314 und 335 regierte. Es wird in der Legende berichtet, daß er Kaiser Konstantin den Großen vom Aussatz heilte und ihn dann zum christlichen Glauben bekehrte.

Seit der Einführung des Gregorianischen Kalenders 1582 durch Papst Gregor feiern wir den Namenstag von Silvester am 31. Dezember jeden Jahres.

Der letzte Tag des Jahres wird geprägt durch einen feierlichen Dankgottesdienst. Früher wurde sogar an diesem Tag gefastet. Vielleicht rührt es daher, daß noch heute zu Silvester gern Karpfen oder Heringssalat gegessen wird. Aber auch hinter den ausgelassenen Bräuchen des Lärmens und Knallens verbirgt sich ursprünglich ein ernster Sinn. Unsere heidnischen Vorfahren wollten durch den Lärm die Unholde vertreiben, damit sie an der Schwelle zum neuen Jahr nicht Macht über die Zukunft gewannen. Was die Zukunft bringen würde, wollte man zu gern durch manche abergläubische Orakel erfahren. Wer zum Beispiel eine halbe Zwiebel in der Silvesternacht unter sein Kopfkissen lege, dem würde im Traum das Gute und Schlechte des neuen Jahres verraten. Bekannt ist auch das Figurengießen mit Blei oder Wachs und der Versuch, aus den Formen Symbole herauszulesen, die Ereignisse des kommenden Jahres vorhersagen. Unbeschadet all dieser Bräuche wurde der Silvesterabend meist feucht und fröhlich, aber auch besinnlich gefeiert. Deshalb könnten wohl unzählige Speisen vom spartanischen Mahl bis zur Luxusschlemmerei empfohlen werden. Erhalten hat sich die Tradition, Schmalzgebackenes – Krapfen, Pfannkuchen, Mutzen – zu backen, einen Punsch zu brauen oder ein zünftiges Karpfengericht zu verspeisen.

Neben Tanz und Spiel wird am Silvesterabend noch bis heute meistens besonders festlich und gern gegessen. Da für die Advents- und Weihnachtszeit bisher vorwiegend Backwerk und Speisen für kleinere Feiern empfohlen wurden, wird jetzt für den Silvesterabend ein größeres kaltes Büfett vorgestellt, damit in der Gemeinde oder mit vielen Freunden und Bekannten einmal richtig gefeiert werden kann und die Eßfreuden nicht zu kurz kommen, denn zu den schönsten Bräuchen des Jahreswechsels gehört die Gastlichkeit.

Das Büfett, als großartige kulinarische Angebotsform, erfordert neben der Speisenzubereitung eine gut durchdachte Gestaltung. Zuerst sollte ein Raum gewählt werden, in dem das Speisenbüfett aufgebaut werden kann. Das Büfett soll einladend aussehen, d. h. es darf nicht gedrängt und verloren im Raum stehen. Auf einer größeren Tischfläche aufgebaut und bei guten Beleuchtungsverhältnissen soll es von selbst wirken. Der Aufbau ist so zu gestalten, daß es von allen Seiten zugänglich ist, es also in der Mitte des Raumes steht, oder daß es an einer Wand aufgebaut ist und die Gäste gut vorbeigehen können.

Diese Forderungen können jedoch nur in größeren Wohungen oder Gemeinderäumen erfüllt werden. Das Speisenbüfett kann natürlich auch in verschiedenen Räumen und auf mehreren kleinen Tischen der Wohnung aufgebaut werden.

Ist eine geeignete Stellfläche gefunden, werden die Tafeltücher eingedeckt und zwar so, daß die Webkante 8–10 cm vor dem Fußboden abschließt. Da das Speisenangebot und nicht zuerst die Tischwäsche wirken soll, wird weiße oder einfarbige Tischwäsche mit hellen Tönen bevorzugt. Um die ästhetische Wirkung des Büfetts zu erhöhen, können aus Kartons oder Kisten Stufen in das Büfett eingebaut werden, die mit Tischtüchern abgedeckt werden.

Dekoration, dezenter Blumen- und Kerzenschmuck, wertet das Büfett auf. Blumengestecke sind dabei zu bevorzugen. Stark duftende Blumen oder hohe Sträuße und Gestecke, die die Sicht versperren, gehören nicht auf die Tafel.

Natürlich dürfen Teller, Bestecke und Servietten nicht fehlen. Sind es mehr als 15, werden sie an verschiedenen Seiten des Büfetts – auch auf einem Extratisch – aufgebaut. Die Gäste können dann den Weg am Büfett entlang selbst wählen.

Die Getränke sollten in dem Raum bereitstehen, in dem die Speisen verzehrt werden. Damit wird eine unnötige Lauferei vermieden. Das Büfett kann festlich eröffnet werden, wenn ein Schmuckband aufgezogen wird, an dem z. B. Blumen und Luftballons befestigt sind. Der Gastgeber durchschneidet dann mit einer Schere das Band und gibt das Büfett frei. Vielleicht hält er dabei eine kleine Ansprache und wünscht ein frohes Fest.

Bevor es aber soweit ist, muß geplant, eingekauft und müssen die Speisen zubereitet werden. Wer dies systematisch und klug macht, der spart Zeit und Arbeit. An einem konkreten Beispiel soll nun ein kaltes Büfett vorgestellt werden.

Für den Fall, daß in Gemeinderäumen oder in anderen großen Gemeinschaftsräumen gefeiert wird, soll ein Büfett für 100 geladene Gäste geplant und berechnet werden.

Entsprechend der konkreten Situation können die Berechnungen verändert werden. Bei jeder Planung eines kalten Büfetts ist es eine wesentliche Hilfe, wenn eine »Richtzahl« festgelegt wird. Unter Richtzahl versteht man eine durchschnittlich geschätzte Anzahl verschiedenartiger Speisen, die ein Gast ißt. So etwa könnte dann ein Plan fürs kalte Büfett aussehen, für das die Richtzahl 7 gewählt wurde.

Kaltes Büfett für den Silvesterabend

Anzahl/Menge	Speisensortiment	Richtzahl für 1 Portion	Richtzahl gesamt
I Warme Speisen			
50	Weinblattroulade in Sauerrahm	2	25
40	Schwedenspieß mit Sauerkirschsoße	1	40
5,0 l	Ungarischer Kesselgulasch	1/8 l	40
II Kalte Speisen			
1. Kurzgebratenes Fleisch			
20	Steak mit Spargel	1	20
20	Steak mit Mandarinen	1	20
30	Geflügelbrust mit Ananas	1	30
2. Bratenfleisch/Schinken/Wurst			
0,9 kg	Kasslerbraten	30 g	30
0,6 kg	Schinken	30 g	20
0,6 kg	Salami	30 g	20
3. Salate/Cocktails			
20	Champignoncocktail	1	20
20	Muschelcocktail	1	20
35	Pfirsichhälfte gefüllt mit Geflügelsalat »Florida«	1	35
20	Gewürzgurke gefüllt mit Zungensalat »Teufelsart«	1	20
30	Rote Gemüsepaprika gefüllt mit ungarischem Rindfleischsalat	1	30

Anzahl/ Menge	Speisensortiment	Richtzahl für 1 Portion	Richtzahl gesamt
4. Ei/Fisch/Käse			
25	Gefülltes Ei mit Kaviar	1	25
25	Gefülltes Ei mit Tomatenkrem	1	25
2	Große Fischplatte		
4	Ölsardinen	1/4 Dose	16
6	Dorschleber	1/4 Dose	24
2 kg	Mecklenburger Heringssalat	50 g	40
20	Rollmops	1	20
10	geräucherte Forelle	1/2	20
1,5 kg	Gemischtes Käsesortiment (auch Quarkzubereitungen)	30 g	50
5. Süßspeisen/Frischobst			
35	Weingelee mit Orangen und Bananen	1	35
35	Schokokrem	1	35
6,0 kg	Frischobst (Apfel, Orange, Banane)	150 g	40
6. Butter/Brot/Kleingebäck (ohne Richtzahl)			
2–2,5 kg	Butter (20–25 g je Person) Es können auch Buttermischungen angeboten werden		
50	Scheiben Vollkornbrot (2 Brote)		
50	Scheiben Mischbrot (2 Brote)		
50–100	Brötchen, Bretzel oder anderes Kleingebäck		

Richtzahl gesamt: 700
Richtzahl für eine Person: 700 : 100 = 7

116
Gebackene Bananen
mit heißer Schokoladensoße

Gemüsepaprika gefüllt
mit ungarischem Rindfleischsalat,
Steaks mit Spargel,
Geflügelbrust mit Ananas

Weinblattrouladen in Sauerrahm
(für 20 Weinblattrouladen)

20 Weinblätter.

Die Weinblätter im August in Salzwasser einwecken. Weckzeit: 15 Minuten.

Für die Hackmasse:

150 g Rindergehacktes, 150 g Schweinegehacktes, 1 Ei, 1 Brötchen, 1 Zwiebel, Salz, Pfeffer, Knoblauchpulver, 60 g Butter, 1 EL Zucker, 1/4 l saure Sahne, 1 EL Mehl, 2 EL Wasser.

Zum Gehackten die eingeweichte und gut ausgedrückte Semmel, das Ei, die feinwürfelig geschnittene Zwiebel und die Gewürze geben. Alles gut vermengen und abschmecken. Die Masse mit nassen Händen auf die Weinblätter verteilen, einwickeln und mit einem Faden umbinden. In heißer Butter die Weinblattrouladen von allen Seiten anbraten, mit Zucker bestreuen und leicht karamelisieren lassen. Saure Sahne zugießen und zugedeckt garkochen. Verdampfte Flüssigkeit durch Wasser oder Brühe ersetzen. Die garen Rouladen herausnehmen und warm stellen. Mehl mit Wasser anrühren und den Soßenfond binden. Soße mit Salz abschmecken.

Tip: Anstelle des Brötchens kann 50 g körnig gekochter Reis verwendet werden.

Schwedenspieße mit Sauerkirschsoße
Rezept für 10 Spieße

1000 g Kurzbratfleisch (z. B. Filet, Keule, Kamm vom Schwein; Filet, Roastbeef vom Rind, Hühnerfleisch), 200 g Bauchspeck, 6 große Zwiebeln, 6 Paprikaschoten (Feinfrost oder Konserve), Salz, Pfeffer, Worcestersoße, Bratfett.

Für die Sauerkirschsoße:

1 Glas Sauerkirschen (1 l), 1 1/2 EL Stärkemehl, 0,2 l Rotwein, 1 EL Zitronensaft, Zucker.

Fleisch in Würfel schneiden, Speck in 3 cm breite, messerrückendicke Scheiben schneiden; geschälte Zwiebeln halbieren, so daß der Wurzelansatz durchschnitten wird, und mit der Hand Scheiben abtrennen. An Gemüse kann man außer Paprikaschoten auch Gurken, Tomaten oder Champignonsköpfe verwenden, die in Scheiben geschnitten werden. Abwechselnd und locker Fleisch, Speck, Paprika, Zwiebeln auf die Spieße stecken. Am Anfang und Ende soll ein Stückchen Fleisch stecken. Fertige Spieße mit Salz und Pfeffer würzen und in der Pfanne im Bratfett etwa 10 Minuten rundherum braun braten. Beim Anrichten mit Worcestersoße würzen. Für die Soße Kirschsaft zum Kochen bringen, mit in wenig kaltem Wasser angerührtem Stärkemehl binden, Zitronensaft und wenig Zucker hinzugeben, gut durchkochen lassen, entsteinte Kirschen hineingeben, mit Wein leicht herb abschmecken. Schwedenspieße mit Soße servieren.

✳ 136 ✳

Ungarischer Kesselgulasch
Rezept für 3 Liter
1,5 kg Rindfleisch, 125 g Schmalz, 0,5 kg Zwiebeln, 1 Knoblauchzehe, 75 g edelsüßes Paprikapulver, Salz, Pfeffer, Kümmel, 4 EL Tomatenmark, 2 1/2 l Brühe oder Wasser, 800 g Kartoffeln, 1 Glas Letscho, Majoran. Rindfleisch in Würfel schneiden. Feinstreifig geschnittene Zwiebeln und Knoblauchzehe in Schmalz farblos anschwitzen. Fleischwürfel und Paprikapulver zugeben, kurz anschwitzen. Mit Salz, Pfeffer und gehacktem Kümmel bestreuen, Tomatenmark zufügen und alles andünsten. Mit wenig Brühe auffüllen und zweimal einkochen lassen. Dann mit der restlichen Brühe auffüllen, Kartoffelwürfel zugeben und unter häufigem Umrühren gar kochen. 10 Minuten vor Beendigung der Garzeit zerkleinertes Letschogemüse und etwas Majoran dazugeben. Kesselgulasch scharf abschmecken. Mit Weißbrot servieren.
Tip: Statt Letschogemüse können in Stücke geschnittene Tomaten und Gemüsepaprika mit dem Tomatenmark zum Suppenansatz gegeben werden.

✳ 137 ✳

Steaks mit Spargel (Abb.)
Kleine Steaks (50 g) salzen, pfeffern, in heißem Fett beidseitig braten, erkalten lassen. Mit 6 halbierten, 4 cm langen Spargelstücken belegen. Darauf 2 Paprikastreifen und Petersilie geben.

✳ 138 ✳

Steaks mit Mandarinen
Kleine Steaks (50 g) salzen, pfeffern, abbraten und erkalten lassen. Mit Eikremtupfer (siehe Rezept für gefüllte Eier Nr. 89), mit 2–3 Mandarinenspalten und einer entsteinten Kirsche garnieren.

✳ 139 ✳

Geflügelbrust mit Ananas (Abb.)
(für 12 Personen)
3 Geflügelbrüste mit einer Gewürzmischung von Salz, Pfeffer und edelsüßem Paprika bestreuen. In heißem Fett im Backofen abbraten. Brüste erkalten lassen, Fleisch auslösen. Die Brusthälften halbieren und mit gespritzter Eikrem (siehe Rezept für gefüllte Eier Nr. 89), Ananasstück und rotem Fruchtgelee oder entsteinter Kirsche garnieren.

✳ 140 ✳

Aufschnittplatte

Kasslerbraten, Schinken und Salami in Scheiben schneiden. Scheiben geordnet und geformt (Rollen, Tütchen usw.) auf Platten anrichten. Mit Gewürzgurke, Gewürzpaprika, hartgekochtem Ei, Zwiebelringen, Porreestreifen, Möhrenscheiben und Kräutern festlich garnieren.

Champignoncocktail

Rezept Nr. 127
Die Zutaten können für das kalte Büfett auf 6 kleine Weingläser verteilt werden.

✳ 141 ✳

Muschelcocktail mit Früchten (Abb.)

(für 10 kleine Weingläser)
200g Muscheln (Konserve), 100g Pfirsiche (Konserve), 100g Ananas (Konserve), Zitronensaft, Worcestersoße.
Für die Soße: 100g Mayonnaise, 6 EL saure Sahne, 1 TL Curry, Salz, weißer Pfeffer, Zucker.
Muscheln auf einem Sieb abtropfen lassen und mit feinwürfelig geschnittenen Pfirsich- und Ananasstücken vermengen. Mischung mit Zitronensaft und Worcestersoße marinieren und in Gläser füllen. Für die Soße die Mayonnaise mit der Sahne verrühren, mit den Gewürzen lieblich pikant abschmecken und in die Gläser gießen.
Garnitur: Orangenspalte, Petersilie.

✳ 142 ✳

Geflügelsalat mit Champignons in Pfirsichhälften

(für 10 Pfirsichhälften)
10 Pfirsichhälften (Konserve), 250g gekochtes Hühnerfleisch, 1 kleine Dose Champignons, 2 EL feinwürfelige Ananas (Konserve).
Für die Soße: 100g Mayonnaise, 1/2 TL Senf, Worcestersoße, Zitronensaft, Salz, weißer Pfeffer, Zucker.
Pfirsichhälften auf einem Sieb gut abtropfen lassen. Geflügelfleisch und Champignons in feine Würfel schneiden und mit Ananas vermengen. Aus der Mayonnaise und den Gewürzen eine Salatsoße bereiten, über die Zutaten geben und locker vermischen. Salat gut eine Stunde durchziehen lassen. Dann in die Pfirsichhälften füllen.
Garnitur: Mandarinenspalte, 1/2 Kirsche.

✳ 143 ✳

Gewürzgurken gefüllt mit Zungensalat »Teufelsart«

(für 10 gefüllte Gurken)
5 Gewürzgurken, 400g abgekochte Rinderpökelzunge, 1 Zwiebel, 1 Apfel, Zitronensaft.

Für die Soße: 100 g Mayonnaise, 1 TL Senf, Salz, Pfeffer, Zucker, Cayennepfeffer.

Gurken längs halbieren und Kerngehäuse mit dem Teelöffel herauskratzen oder schaben. Zunge (ohne Haut), Zwiebel, Apfel (ohne Schale und Kerngehäuse) in feine Würfel schneiden und vermischen. Apfelwürfel vorher mit Zitronensaft beträufeln. Aus der Mayonnaise und den Gewürzen eine Salatsoße bereiten und unter die Zutaten mischen. Salat scharf mit Cayennepfeffer abschmecken.
Garnitur: Paprikastreifen, Petersilie.

✴ 144 ✴

*Gemüsepaprika gefüllt mit
ungarischem Rindfleischsalat (Abb.)*
(für 10 Gemüsepaprika)
10 Gemüsepaprika (Feinfrost oder Konserve), 400 g Rinderbraten, 3 Gewürzgurken, 3 Zwiebeln.
Für die Soße: 3 EL Tomatenketchup, 3 EL Mayonnaise, Senf, Zucker, Salz, Pfeffer, edelsüßer Paprika.
Rinderbraten, Gurken und Zwiebeln in feine Würfel schneiden und vermischen. Aus Tomatenketchup, Mayonnaise und den Gewürzen eine pikante Soße bereiten und unter die Zutaten mischen. Mit dem Salat die gut abgetropften Paprikaschoten füllen.
Garnitur: Eikremtupfer, Petersilie.

Gefüllte Eier mit Kaviar
(Rezept Nr. 89)

Gefüllte Eier mit Tomatenkrem
(Rezept Nr. 90)

✴ 145 ✴

Mecklenburger Heringssalat
(Rezept für 2,0 kg)
500 g gewässerte Salzheringe, 300 g gekochtes Rindfleisch, 250 g gekochte Möhren, 150 g gekochte Sellerie, 200 g Gewürzgurken, 5 hartgekochte Eier, 4 Zwiebeln, 4 Äpfel, 4–6 EL Öl, etwas Essig, Salz, Zucker. Heringe häuten, entgräten und in kleine Würfel schneiden. Rindfleisch, Möhren, Sellerie, Gewürzgurken, Eier, Zwiebeln und die geschälten und entkernten Äpfel feinwürfelig schneiden. Zutaten vermischen. Öl hinzugeben, mit Essig, Salz und Zucker abschmecken. Salat durchziehen lassen, nochmals abschmecken.
Garnitur: Gurken, Zwiebelringe, Kräuter.

✴ 146 ✴

Große Fischplatte
Ölsardinen und Dorschleber in Schalen anrichten, Heringssalat auf Salatblätter oder in kleine Schüsseln füllen. Rollmops auf kleine Glasteller

legen. Auf einer großen Holzplatte die geräucherten Forellen anrichten. Die vorbereiteten Ölsardinen, Dorschleber, Heringssalat und Rollmops harmonisch zuordnen. Die Platte mit reichlich Petersilie, Zitrone, Gewürzgurke und Zwiebelringen garnieren.

✳ *147* ✳

Käseplatte
Gemischtes Käsesortiment (auch Quarkzubereitungen) harmonisch auf Platten anrichten. Mit reichlich Obst garnieren.

✳ *148* ✳

Weingelee mit Orangen und Bananen
(für 10 Gläser)
0,7 l Weißwein, 0,2 l Orangensaft, 1 EL Zitronensaft, 80–100 g Zucker, 20 g Gelatine, 2 Bananen, Zitronensaft, 2–3 Orangen.
Wein, Säfte und Zucker unter Rühren erwärmen. Dabei die mit etwas Wasser aufgelöste Gelatine zufügen. Weingelee abkühlen lassen. Bananen schälen, längs halbieren, in Scheiben schneiden, mit Zitronensaft beträufeln und auf die Gläser verteilen. Orangen schälen, in Stücke schneiden (dabei die Kerne entfernen), in die Gläser füllen. Bevor das abgekühlte Weingelee dick wird, in die Gläser gießen und kühl stellen.

Garnitur: Sahnetupfer, 1/4 Orangenscheibe.

✳ *149* ✳

Schokoladenkrem
(für 8–10 Gläser)
1/2 l Milch, 3 EL Zucker, 1 P Puddingpulver Schokoladengeschmack, 1 EL Kakaopulver, 1/4 l Schlagsahne, 1 P Vanillinzucker, 50 g feinblättrige Schokolade.
Einen Schokoladenpudding aus Milch, Zucker, Pudding- und Kakaopulver kochen. Dabei ist der Kakao mit dem Puddingpulver und 4 EL Milch zu verquirlen. Den Pudding kalt rühren und die sehr steif geschlagene Sahne, den Vanillinzucker und die feinblättrige Schokolade unterheben. In Gläser füllen.
Garnitur: Sahnetupfer.

Andere Länder –
andere Sitten

Bei Mareks in Polen

»Andere Länder, andere Sitten« – das gilt auch für das Weihnachtsfest. Im Fernsehen und Radio werden im Dezember Berichte von diesem Fest aus allen Erdteilen gesendet. Interessanter und freudiger sind aber persönliche Erlebnisse zum Christfest. 1976 erlebten wir Weihnachten bei unseren polnischen Freunden in Wrocław. Wir wußten zwar, daß Ostern in Polen das größte Fest ist, erwarteten aber auch von Weihnachten sehr viel. Familie Marek bewohnt ein bescheidenes Haus in einem Wrocławer Vorort. Zwei Tage vor dem Fest begann Frau Marek mit dem »großen Kochen«. Verheißungsvolle, den Appetit und die Phantasie anregende Düfte erfüllten das Haus. Dabei fiel mir der Vers von Wilhelm Busch ein:

> »Gar lieblich dringen aus der Küche
> bis an das Herz die Wohlgerüche.
> Hier kann die Zunge, fein und scharf,
> sich nützlich machen, und sie darf.«

Alle waren voller Erwartung. Ich konnte nicht widerstehen und mußte in die Küche gucken.

Brühe, Fischfond für Aspikspeisen und Braten schmurgelten auf dem Herd. Im Backofen wurde der eben erst gerollte Teig in angenehm duftendes Backwerk verwandelt. Schüsseln mit geputztem Gemüse, Äpfel, Nüsse, frische Kräuter, Gewürze ... zierten den Tisch und die Regale der Küche. Ich beobachtete, wie die Hausfrau jedem Gericht eine besondere Note gab. Helfen war trotz mehrmaligen Bittens nicht erlaubt. Aber: die Rezepte wurden gerne preisgegeben.

Mit froher Unruhe wurde der 24. Dezember ersehnt. Als die Dunkelheit anbrach und der erste Stern am Himmel aufleuchtete, versammelten wir uns um den festlich gedeckten Tisch im Wohnzimmer. Es waren Mareks mit ihren drei Kindern, die im Haus lebenden Großeltern, eine alleinstehende Frau aus der Nachbarschaft, meine Frau und ich.

Jetzt begann das für mich nachhaltigste Erlebnis: Herr Marek verteilte geweihte Oblaten. Jeder ging nun zu jedem, brach ein Stück von der Oblate ab, reichte sie dem anderen und bat um Verzeihung für alle Verfehlungen. Wir umarmten uns, sprachen gute Wünsche aus, und mit einem Kuß wurde die Versöhnung besiegelt. Nach dem Tischgebet begann das »Vergnügen der Tafel«. Zwölf Speisen – das geht auf die Zahl der Apostel zurück – erfreuten Leib und Seele.

Eine herzhafte Vorspeise aus mariniertem Hering eröffnete das festliche Mahl. Mit einer Pilzsuppe wurde das Essen fortgesetzt. Dann folgten verschiedene Karpfengerichte, Hecht in Gelee, Sauerkraut mit Pilzen.

Zwischendurch wurden allerlei süße Dinge herumgereicht, die bereits auf dem Tisch eingedeckt waren: Kompott aus Trockenobst, Heidelbeerkompott, Honig- und Pfefferkuchen. Zum Abschluß gab es Mohnrolle, dort Makownik genannt.

Während des gesamten Essens blieb ein Platz am Tisch leer. Eingedeckt war für den »unerwarteten Gast« – eine liebenswerte, uralte Sitte; ein Zeichen der Gastfreundschaft und Caritas der Polen.

Nach dem Festmahl, als der Tisch abgeräumt war, öffneten wir Geschenkpakete, sangen Weihnachtslieder und sprachen miteinander. Mareks erzählten von alten polnischen Weihnachtsbräuchen, die zum Teil in den Dörfern lebendig geblieben sind. So stellte man häufig am Heiligabend ungedroschene Korngarben in alle vier Ecken des Zimmers, in dem das Festmahl gehalten wurde. Eine weit verbreitete Sitte war es, Heu unter das Tischtuch auf dem Festtisch zu legen. »Aus dem Heu« lasen unverheiratete junge Männer und Frauen ihre Zukunft ab. Ein unter dem Tischtuch hervorgezogener grüner Halm bedeutete Glück in der Liebe, war der Halm grau, waren die Heiratspläne in Gefahr. Natürlich wurde dieses Orakel nicht allzu ernst genommen. Immer wieder sangen wir gefühlvolle Weihnachtslieder, wie »Schlafe, Jesukindchen ...« (Lulajze Jezuniu ...), das bekannte Krippenlied von Fryderyk Chopin.

Dieses Lied und viele andere haben mich nachhaltig beeindruckt. Die Festtage wurden besinnlich verbracht. Nach den Gottesdiensten empfingen Mareks Besuch, oder wir gingen gemeinsam zu Freunden. Das Essen war jetzt nicht mehr so aufwendig, aber es blieb ein festlicher Akt – ein Festschmaus.

Nach dem mehr oder weniger bescheidenen Essen der Adventszeit bevorzugen die polnischen Haushalte zu den Feiertagen fleischreiche Kost. Schinkenröllchen oder Fleischsalat als Vorspeisen; Brühe mit Leberklößchen, Barschtsch mit Fleisch oder Zwiebelsuppe; zum Hauptgang werden Rinderschnitten mit Pilzen, Ente oder Gans mit Äpfeln und Rotkohl, Hasenbraten oder andere Wildspeisen serviert. Gemüsesalate, warme Gemüsebeilagen, Klöße oder Kartoffeln komplettieren das Hauptgericht. Zum Nachtisch werden Früchte mit Schlagsahne bzw. Kremspeisen gereicht.

Meine Erlebnisse vom polnischen Weihnachtsfest kann nichts besser beschließen als diese Spruchweisheit:

»Ein Haus ist nicht schön durch seine Wände,
wohl aber durch gastliche Hände.«

Nun lade ich zum Probieren und Kosten polnischer Weihnachtsrezepte nach Art der Familie Marek herzlich ein und wünsche
Smacznego – Guten Appetit!

✳ 150 ✳

Barschtsch mit Öhrchen
(für 10 Personen)

50 g getrocknete Pilze, 1,0 kg Suppenfleisch vom Rind, 600 g Suppengemüse (Möhren, Sellerie, Porree, Zwiebeln) Salz, Pfeffer, 2 Lorbeerblätter, 3 Pimentkörner, 1–2 Knoblauchzehen, Zucker, 1,0 kg rote Rüben, 1/2 l Rote-Rüben-Kochfond.

Die eingeweichten Pilze mit dem Fleisch und 3 Liter gesalzenem kaltem Wasser zum Sieden bringen und auf kleiner Flamme langsam kochen lassen. 45 Minuten vor beendeter Garzeit das vorbereitete Suppengemüse, Lorbeerblatt, Pimentkörner und Pfeffer zugeben und mitkochen. Die geschälten roten Rüben unter Zugabe von Salz, Zucker und Essig süßsäuerlich abkochen, in sehr feine Streifen schneiden und zur Brühe geben und aufkochen. Die Suppe durch ein Sieb passieren mit gut 1/2 l Rote-Rüben-Kochfond, mit Zucker, Salz und zerriebenen Knoblauchzehen abschmecken.

Einlage: Fleischwürfel, Öhrchen (siehe folgendes Rezept).

✳ 151 ✳

Öhrchen

150 g Mehl, 1 Ei, 1 Prise Salz, etwa 1/8 l lauwarmes Wasser.

Mehl mit Ei und Salz sowie etwas Wasser zu einem Teig verkneten, der Teig muß weicher als Nudelteig sein. Diesen Teig dünn ausrollen und in Quadrate von 4 × 4 cm schneiden. Die Teigstückchen werden mit einer Füllung belegt und zu einem Dreieck zusammengefaltet. Die Ränder werden gut angedrückt. Die gegenüberliegenden Ecken der dreieckigen Piroggen werden aufeinander gelegt und zusammengedrückt. Dann die Öhrchen in kochendes Salzwasser geben. Kommen sie an die Oberfläche, können sie als Einlage für die Barschtschsuppe verwendet werden. Als Füllung für die Öhrchen können zubereitetes Hackfleisch oder feingehackte, gedünstete Pilze verwendet werden.

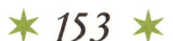

✶ 152 ✶

Pikantes Rinderfiletsteak

4 Rinderfiletsteaks (à 150 g), Salz, Pfeffer, Mehl, 60 g Butter, 3 Zwiebeln, 20 g Butter, 2 EL getrocknete Pilze, 1 EL Semmelbrösel.

Filetsteaks klopfen, salzen, pfeffern, in Mehl wälzen und in der heißen Butter von beiden Seiten braten. Dann die in Streifen geschnittenen Zwiebeln hinzugeben und kurz anbraten. Mit etwas Butter auffüllen und die vorher eingeweichten Pilze zugeben (es können auch Pilzkonserven sein), mit etwas Fleischbrühe auffüllen und zugedeckt schmoren lassen. Zuletzt die Semmelbrösel dazugeben, fertig garen und eventuell mit etwas saurer Sahne verfeinern. In einer Schüssel anrichten und mit Gewürzgurken und roten Rüben garnieren.

Beilagen: Petersilienkartoffeln, Sauerkraut, Gemüsesalate.

✶ 153 ✶

Sauerkraut mit Pilzen

50 g Speck, 40 g Butter, 2 Zwiebeln, 750 g Sauerkraut, 1/4 l fette Fleischbrühe, 1 Lorbeerblatt, 3 Wacholderbeeren, Salz, Zucker, Pfeffer, 1 Tasse getrocknete Pilze.

Speck in feine Würfel schneiden und in Butter auslassen, Zwiebelscheiben darin anschwitzen, Sauerkraut dazu-

geben, mit Fleischbrühe auffüllen, Gewürze zugeben und das Kraut garen. Die Pilze einweichen, in dünne Streifen schneiden, zum Sauerkraut geben und fertig garen.

Garnitur: Gebratene Zwiebelringe, gebratene Speckkämme.

✶ 154 ✶

Porreesalat

4 Stangen Porree, Zucker, Salz, Essig, 2 Salzgurken, 2 Äpfel, 4 EL Mayonnaise, 4 EL saure Sahne, Zucker, Salz, Pfeffer, Senf, Kräuter.

Den vorbereiteten Porree in Ringe schneiden und in mit Zucker, Salz und Essig gewürztem, kochendem Wasser bißfest abkochen. Porree herausnehmen, abkühlen lassen und die in feine Streifen geschnittenen Gurken und Äpfel (ohne Kerngehäuse und Schale) hinzugeben. Mayonnaise und saure Sahne mit den Gewürzen pikant abschmecken und unter die Zutaten mischen. Mit reichlich Kräutern auf Salattellern anrichten.

Garnitur: Eischeiben.

✶ 155 ✶

Bohnensalat

100 g weiße Bohnen (Hülsenfrüchte), 1 TL Senf, Zitronensaft, Zucker, Salz, Pfeffer, 1 TL Öl, 2 hartgekochte Eier, 2 Gewürzgurken, 1 Apfel, 1 Zwiebel, 4 EL saure Sahne.

Bohnen einweichen, in Salzwasser garkochen und abgießen. Die abgekühlten Bohnen mit Senf, Zitronensaft, Zucker, Salz, Pfeffer und Öl marinieren. Eier, Gurken, Äpfel (ohne Kerngehäuse und Schale) und Zwiebel in feine Würfel schneiden, mit den Bohnen unter Zugabe der sauren Sahne vermischen.
Garnitur: In Pfeffer und Paprika gewälzte Zwiebelringe.

✳ 156 ✳

Makownik
(Mareks Mohnrolle)
Für die Füllung:
250 g Mohn, 3/4 l Milch, 100 g Butter, 3 EL Honig, 2 P Vanillinzucker, 60 g grob gehackte Mandeln, 100 g Rosinen, 3 Eigelb, 100 g Zucker, 3 Eiweiß.
Für den Teig:
150 g Butter, 150 g Puderzucker, 2 Eier, Salz, 4 EL lauwarme Milch, 40 g Hefe, 300 g Mehl.
Für die Füllung den Mohn in der Milch 30 Minuten auf kleiner Flamme leicht sieden lassen. Den Mohn abtropfen lassen und 2 bis 3mal durch den Fleischwolf mit sehr feinem Vorsatz drehen. Butter und Honig in einem Topf zerlassen, Vanillinzucker, Mandeln, Rosinen und den gemahlenen Mohn hinzugeben und alles unter häufigem Rühren 10 Minuten köcheln lassen. Ist die Masse etwas abgekühlt, werden die

mit dem Zucker verrührten Eigelb und das steifgeschlagene Eiweiß dazugeben. Die Füllung soll noch warm auf den Teig gestrichen werden.
Für den Teig die Butter mit dem Zucker verrühren. Eier, Salz und die in Milch aufgelöste Hefe nach und nach unterrühren. Dann das Mehl zugeben und den Teig gut durchkneten. An einem warmen Ort den Teig 1 bis 1 1/2 Stunden gehen lassen. Anschließend den Teig auf einer mit Mehl bestäubten Arbeitsfläche zu einem Rechteck ausrollen, die Füllung darauf verteilen, einrollen und an den Enden zusammendrücken. Eine Kastenform mit Fett einstreichen und die Mohnrolle darin nochmals gehen lassen. Im vorgeheizten Ofen backen.
Backzeit: 45 Minuten
Backhitze: 180 Grad

Michels Bericht vom
Weihnachtsfest in Frankreich

Eigentlich müßte ich mit »Mein Freund Rainer« beginnen und den Brief hier abdrucken, den mir Michel, ein Lehrer aus der Provence, über das Weihnachtsfest in seinem Land geschrieben hat. Aber ich möchte zumindest erzählen, wie wir uns kennengelernt haben. Stille in der Karfreitagsliturgie. Die Kirchtür wird geöffnet und fällt wieder ins Schloß. Ich blicke zur Seite. In die dicht gedrängte Schar der bis zum Ausgang stehenden Kirchenbesucher schiebt sich ein ungewöhnlich gekleideter junger Mann. Pole oder Franzose, denke ich. Nach der Liturgie ist der Kontakt schnell hergestellt. So habe ich Michel kennengelernt. Er ist Lehrer für Deutsch und Englisch und Mitbegründer der Aktion 1 %. Mitglieder dieser Aktion spenden generell 1 % ihres Monatseinkommens für Entwicklungsländer. Michel ist auf Einladung mit weiteren Lehrern zu einem Studienaufenthalt in unserer Stadt.

Bei Kaffee, Kuchen und Wein wurde das Gespräch am späten Nachmittag fortgesetzt. Abends haben wir Freunde eingeladen. Nun gab es französischen Wein und karfreitagsgemäß als deutsche Spezialität Karpfen blau mit zerlassener Butter, Sahnemeerrettich und Dillkartoffeln.

Der neue Tag war lange angebrochen, als wir uns verabschiedeten. Nun sollten Briefe den begonnenen Dialog fortführen. So bekam ich auch per Brief einen Bericht über die Feier des Weihnachtsfestes in Frankreich. Und es war für Michel nicht leicht, Allgemeingültiges zu berichten, denn in Frankreich ist es wie in vielen Staaten: die Bräuche zur Festzeit sind regional unterschiedlich.

Nach der Christmette beginnt in Frankreich das große Festmahl. Viele Franzosen genießen diesen Festschmaus in den vorzüglichsten Restaurants des Landes. Fischsuppen, gefüllter Truthahn mit Maronen oder die »Boudin blanc«, eine Wurst aus Hühnerfleisch, sowie Gänseleberpastete, Obstsalate und Käsespezialitäten sind vorzügliche und beliebte Speisen. Zum Abschluß wird es immer die Bûche de Noël geben, eine Biskuitrolle in Baumstammform, die mit Butterkrem gefüllt ist. Die Weihnachtsgeschenke übergibt der Père Noël dann erst am Morgen des 25. Dezember.

Aus seiner Heimat, der Provence, berichtete Michel, daß in einigen Dörfern die

Bauern mit jungen Schafen in die Kirche kommen, die dann gesegnet werden. Das geschieht in Form einer Lichterprozession. Von allen Höfen kommen die Bewohner mit Lichtern oft auf beschwerlichen Wegen ins Gotteshaus.

Nach ihrer Rückkehr beginnt dann das Festessen. Michels Mutter hatte dann immer einen vorzüglichen Geflügelcocktail, eine wunderbare Fischsuppe, Hühnerfleisch und Käsesalat zubereitet. Als Nachtisch gab es außerdem Obst, Pralinen, Marzipan, Nüsse und als Spezialität natürlich den Bûche de Noël.

In vielen Familien werden auch zwölf verschieden geformte Weißbrote gebacken. Diese sollen die Apostel symbolisieren. Sie werden als Zeichen der Nächstenliebe an Freunde und Gäste verschenkt. Michels Vater, der ein passionierter Weidmann war, traf sich mit den Jägern des Dorfes immer am 2. Weihnachtsfesttag zum Herrenessen. Dann wurden ein Hahn, der das Jahr symbolisiert, 12 Hühner, die die Monate darstellen, sowie 30 Eier und 30 Trüffeln, die die 30 Tage des Monats versinnbildlichen, gemeinsam verzehrt. Dazu tranken die Jäger alten, trockenen Rotwein, der mindestens 12 Jahre gelagert hatte.

Diesem interessanten Bericht hat Michel noch einige Rezepte beigefügt, die wir in unseren Regionen gut nachkochen können. Seine kulinarischen Ausführungen enden mit »bon appetit«, und den wünsche ich auch allen Lesern.

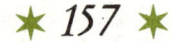

✶ 157 ✶

Französischer Geflügelcocktail
10 Oliven (Konserve), 250 g gekochtes Hühnerfleisch, 1 kl. Dose Champignons in Scheiben, 30 g Butter, 1 Tasse zarte grüne Erbsen (Konserve), 2 EL feinblättrige Mandeln.
Für die Soße:
6 EL Mayonnaise, 2 EL Ketchup, Saft von 1/2 Zitrone, 1 TL Senf, 1 EL trockener Rotwein, Zucker, Salz, Pfeffer.
Oliven in feine Streifen schneiden und auf 4 Cocktailgläser verteilen. Hühnerfleisch in Würfel schneiden und mit den Champignonscheiben, die vorher in heißer Butter angeschwitzt wurden, sowie mit den

Mandeln vermischen und ebenfalls in die Gläser füllen. Die aufgeführten Zutaten zu einer lieblich pikanten Soße verrühren und in die Cocktailgläser gießen.
Garnitur: Orangenscheiben, Oliven.

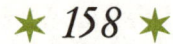

✶ 158 ✶

Lyoner Fischsuppe
(für 6–8 Personen)
2,0 kg verschiedene Fischsorten (Rotbarsch, Heilbutt, Karpfen, Forelle, Makrele ...), 6 EL Öl, 4 Zwiebeln, 4 Tomaten oder 1–2 EL Tomatenmark, Thymian, feingehackte Petersilienstiele, 1–2 Knoblauchzehen,

1 Stück getrocknete Orangenschale, Weißwein, Pfeffer, Salz, Weißbrotscheiben.

Fische filetieren und in Würfel schneiden. Aus den Gräten, Köpfen und Flossen eine Fischbrühe herstellen (mit Wasser, Salz, Suppengemüse, 1 Lorbeerblatt, 2 Pimentkörnern, 4 Pfefferkörnern).

Feinstreifige Zwiebel in Öl anschwitzen, Tomatenachtel oder Tomatenmark und Gewürze mitschwitzen. Fischwürfel zugeben, mit der Fischbrühe auffüllen, zum Sieden bringen und garziehen lassen. Mit gutem Weißwein, frischgemahlenem Pfeffer und Salz abschmecken. Kleine Weißbrotscheiben toasten, mit Knoblauch einreiben, in die Suppenteller legen, die Suppe durch ein Sieb darüber gießen. Fischstücke als Einlage dazugeben oder auf einer vorgewärmten Platte gesondert reichen.

Garnitur: Reichlich gehackte Kräuter.

★ 159 ★

Huhn in Wein

1 junges Huhn, 2–3 EL Gänseschmalz, 50 g Speckwürfel, 3 Zwiebeln, 1 kl. Dose Champignons in Scheiben, 1 TL Tomatenmark, 1 Knoblauchzehe, Thymian, 1 EL Mehl, 1 Schuß Weinbrand, $\frac{1}{2}$ l guter Rotwein, Salz, Pfeffer, eventuell 2 EL Hühnerblut.

Das küchenfertige Huhn in 4 Portionsstücke zerteilen, mit Salz und Pfeffer würzen und im Gänseschmalz von allen Seiten goldbraun anbraten. Das Fleisch herausnehmen, die Speckwürfel im Fett glasig schwitzen, Zwiebeln feinwürfelig schneiden und mit den Champignonscheiben kurz dünsten. Tomatenmark, zerdrückte Knoblauchzehe, Thymian sowie Mehl zugeben und gut verrühren. Mit Weinbrand und Rotwein auffüllen. Die Hühnerviertel hineinlegen und zugedeckt 30 Minuten schmoren lassen. Eventuell mit etwas Hühnerblut binden, mit Salz und Pfeffer würzen.

Beilage: Frisches Weißbrot, Butterreis.

★ 160 ★

Käsesalat in Pfirsichhälften
(Weihnachtsdessert)

150 g delikater Schnittkäse, 2 kleine Äpfel, 4 EL feingehackte Mandeln, Zitronensaft, Weinbrand, $\frac{1}{8}$ l steifgeschlagene Sahne, Zucker, Salz, weißer Pfeffer, 8 Pfirsichhälften (Konserve).

Käse und Äpfel ohne Schale und Kerngehäuse in sehr feine Streifen schneiden, mit Mandeln vermischen und mit Zitronensaft und Weinbrand marinieren. Die Sahne dazugeben, lieblich pikant mit Zucker, Salz und Pfeffer würzen. In Pfirsichhälften füllen, mit Toast servieren.

Garnitur: Mandarinenspalte, Belegkirschen.

Zu Besuch
im Kochstudio der Indios

Es ist von besonderem Reiz, die sehr abwechslungsreichen Küchen von Mittel- und Südamerika ein wenig kennenzulernen, die wesentlich durch indianische Kulturen und spanisch-portugiesische sowie afrikanische Einflüsse geprägt wurden. Deshalb möchte ich einladen in das Kochstudio zweier Indios, deren kleine Kochnische im Internat ich etwas übertrieben so bezeichne.

José, einen Ureinwohner von Mexiko, und Gabriel, den bolivianischen Indio, habe ich in Leipzig kennengelernt. Nach einer kurzen Bekanntschaft in einem Cafe und weiterer Treffen im Internat waren wir Freunde geworden. Unser Gemeinsames in vielen Lebensfragen, die Neugier, etwas über andere Länder zu erfahren, und natürlich das Interesse an lukullischen Genüssen hat uns immer wieder zusammengeführt. Treffpunkt war gewöhnlich ihre Internatswohnung mit der kleinen, aber wertvollen Kochnische. Da ich die beiden Weihnachten mit in mein Elternhaus nehmen wollte, wurde eine vorweihnachtliche individuelle Verkostung bei José und Gabriel eingeplant.

Während die zwei Freunde abwechselnd am Herd eine mir bisher unbekannte Geflügelsuppe, ein feuriges Chilli con carne à la José, ein Brathähnchen à la Gabriel und einen gemischt bolivianisch-mexikanischen Obstsalat bereiteten, erzählten sie mir vom Weihnachtsfest in ihren Ländern.

Gabriel stammt aus einer zwölfköpfigen Familie in einem Dorf der bolivianischen Anden. Dort kennen die Indios keine elektrischen Kerzen, Weihnachtsbäume oder pompöse Weihnachtsgeschenke. Auch das Nikolausfest wird nicht gefeiert.

Die Aymara-Indios – der Stamm, dem Gabriel angehört – feiern einen besonders bei den Indiokindern beliebten Gottesdienst. Die Vorbereitungen beginnen bereits am Heiligabend. Gabriels Vater hatte von der eigenen Schafherde die drei jüngsten Lämmer mitgebracht. Jetzt war es die Aufgabe aller Kinder, diese Lämmer mit bunter Wolle zu schmücken, die an Ohren, Schwanz und Füßen festgebunden wurde.

Noch in der Dämmerung des Weihnachtsmorgens ging die Familie zum Gottesdienst in die Stadtkirche. Die Lämmer wurden abwechselnd von den älteren Kindern unter den Ponchos getragen. Daß dies kein Gottesdienst war, wie wir ihn gewöhnt sind, konnte ich mir nach Gabriels Bericht gut vorstellen, denn da blökten die Tiere, die Kinder schwatzten, und manch irdische Düfte vermengten sich mit den Weihrauchwölkchen zur Ehre Gottes.

Nach dem Sinn dieses Brauches gefragt, antwortete mein Freund: »Was geschah damals im Stall von Betlehem, als Jesus geboren wurde? Nun, die ersten Menschen, die das Kind in der Krippe besuchten, waren die Schafhirten. Und welcher gute Hirte läßt seine Lämmer unbeaufsichtigt bei der Herde? So brachten die Hirten ihre Lämmer mit, betrachteten gemeinsam das neugeborene Christkind und beteten es an. Diese Tradition hat sich bei uns bis heute erhalten.«

Nach dem Gottesdienst wird das Weihnachtsfest in der Familie gefeiert. Die Kinder erhalten kleine selbstgefertigte Geschenke und Süßigkeiten. Trotz der Armut vieler Familien werden Fleischspeisen unterschiedlichster Art zubereitet, reichlich Gemüse sowie Obst und Maisfladen komplettieren das Essen zum Fest.

Anschließend erzählte José aus seiner mexikanischen Heimat. Dort werden scharf gewürzte Tamales – eine in Maisstroh gewickelte Füllung aus Fleisch, Schmalz und Maismehl – zum Weihnachtsfest gebacken und heiß gegessen.

Diese Zubereitung der Tamales symbolisiert das in Windeln gewickelte Kind, das auf Heu und Stroh in der Krippe liegt. Bei den mexikanischen Kindern kommt am Heiligen Abend dann der Santa Claus, der, wie bei uns das Christkind, die Geschenke verteilt.

Die Bewohner des Dorfes, in dem José lebt, versammeln sich dann zur festlichen Prozession, die der Höhepunkt des Weihnachtsfestes ist. Singend und betend ziehen dann alle Einwohner um und durch das Dorf. Sie sind dann auf der Herbergssuche wie Maria und Josef. Nach der Prozession und auch an den folgenden Tagen werden die Tamales verspeist.

Die Mutter von José bäckt jährlich bis 300 Stück. Es gibt aber nicht nur Tamales, denn die mexikanische Küche bietet ein umfangreiches Angebot an Fleisch- und Gemüsegerichten – Mexiko ist die Urheimat der Tomate und des Maises – sowie vieler beliebter Süßspeisen.

Da auch José und Gabriel in Leipzig und nicht in Amerika kochten, haben sie Speisen ihrer Heimat zubereitet, die in der Auswahl der Zutaten und der Art der Zubereitung unseren Bedingungen entsprechen.

✳ 161 ✳

Pikante Geflügelsuppe
mit Mandeln

50 g Butter, 2 Zwiebeln, 3 EL feinstreifige Sellerie, 50 g halbierte Mandeln, 1 EL Tomatenmark, 1 EL Mehl,
1 l gute Geflügelbrühe, Salz, Pfeffer.
Einlage: 250 g gekochtes Geflügelfleisch in Würfeln, 1 Tasse Tomaten-
fleischwürfel.

In der heißen Butter die in Streifen
geschnittenen Zwiebeln, Sellerie und
Mandeln goldgelb anschwitzen. Tomatenmark und Mehl zugeben und
mit der Geflügelbrühe auffüllen. 10
Minuten kochen, mit Salz und Pfeffer
würzen, Geflügelfleisch und Toma-
tenfleischwürfel (ohne Haut und
Kerne) in die Suppe geben, kurz aufkochen und heiß servieren. Statt To-
matenfleischwürfel können 2 EL Tomatenmark zugegeben werden.
Garnitur: Reichlich feingehackte
Kräuter.

✳ 162 ✳

Josés Chilli con carne (Abb.)
(für 6–8 Personen)
250 g weiße Bohnen (Hülsenfrüchte),
500 g mageres Kasselerfleisch, Suppengemüse, 500 g Roastbeef, 50 g
Schmalz, 4 Zwiebeln, 6 Tomaten, 2
Paprikaschoten, 1–2 EL Tomatenmark, Salz, edelsüßer Paprika,
Cayennepfeffer, Knoblauchpulver.

Die eingeweichten Bohnen mit dem
Kasselerfleisch und dem Suppengemüse nicht zu weich abkochen. Das
Roastbeef in Streifen schneiden, im
heißen Schmalz gut durchschwenken, grobwürfelige Zwiebeln hinzugeben und ebenfalls anschwitzen.
Die in Achtel geschnittenen Tomaten
und in Stücke geschnittenen Paprikaschoten zum Fleisch geben und 5 Minuten schmoren lassen. Tomatenmark, Bohnen und das in Würfel geschnittene Kasselerfleisch in den
Topf geben. Alles gut aufkochen und
scharf abschmecken. Statt Tomaten
und Paprikaschoten kann ein Glas
Letscho verwendet werden.
Garnitur: Porreestreifen.

✳ 163 ✳

Brathähnchen mit
Möhren und Kartoffeln

1 Brathähnchen (Broiler), Salz, Pfeffer, edelsüßer Paprika, Knoblauchpulver, 60 g Margarine, 3 Zwiebeln, 2
Tomaten oder 1 EL Tomatenmark,
Thymian, Majoran, 500 g kleine geschälte Kartoffeln, 5 in Scheiben geschnittene Möhren.

Den küchenfertigen Broiler waschen,
abtrocknen, innen und außen mit einer Gewürzmischung von Salz, Pfeffer, Paprika und Knoblauchpulver
einreiben.
In der heißen Margarine den Broiler
gut von allen Seiten anbraten und

herausnehmen. Dann in der Bratpfanne die in Streifen geschnittenen
Zwiebeln anschwitzen, Tomatenachtel oder Tomatenmark zugeben und
gut verrühren. Den Broiler hineingeben, Kartoffeln und Möhren dazule-
gen, alles mit reichlich Thymian, etwas Majoran und Salz bestreuen.
Eventuell etwas Brühe untergießen
und mit einem Deckel verschließen.
Etwa 30 Minuten im Ofen dünsten.
Broiler portionieren und mit den
Möhren, Kartoffeln und dem Dünst-
fond anrichten.

✳ 164 ✳

*Bunter Obstsalat mit
Walnußkernen*

2 Orangen, 2 Äpfel, 2 Bananen,
1 Tasse Preiselbeeren oder Johannisbeeren (Konserve), Zitronensaft,
1 EL Öl, 1 Tasse grob gehackte Walnußkerne, Zucker, 1 Glas Rotwein.
Das Fruchtfleisch der Orangen, die
geschälten und vom Kerngehäuse befreiten Äpfel und die geschälten Bananen in feine Scheiben schneiden,
mit Preiselbeeren, Zitronensaft und
Öl vermischen. Walnußkerne zum Salat geben. Mit Zucker abschmecken.
Der Salat kann mit Rotwein verfeinert werden.

Über die Künste des Würzens
zur Weihnachtszeit

Die Kunst des Würzens ist so alt wie die Kochkunst. Völker aller Zeiten schätzten die Gewürze. Oft wurden sie gegen Gold, Pelze und Seide getauscht und waren ein begehrtes Kriegsgut. So kaufte der Ritter Hans von Schweinichen für seine Hochzeit 50 Mastochsen für 100 Taler und allerlei Gewürze für 420 Taler. Für uns ist es heute leichter und preiswerter, vielfältige Gewürze zu kaufen. Diese Gewürze können das leider häufig zu reichlich verwendete Salz reduzieren helfen.

Also wollen wir die Vielfalt der den Geschmack beeinflussenden Möglichkeiten nutzen, denn:

»Duft und Aroma sind die besten Freunde des Appetits«, empfand Homer, und das gilt natürlich auch für die kulinarischen Festfreuden der Weihnachtszeit.

Anis, Kardamom, Koriander, Pfeffer, Piment, Zimt – als wichtigste Lebkuchengewürze;

Beifuß – für den Gänsebraten;

Knoblauch, Pfeffer, Piment, Lorbeer – für den Hasenbraten.

Alle diese Gewürze erhöhen den Wohlgeschmack und den Duft des weihnachtlichen Backwerkes und der Speisen.

Für Gewürze gibt es kein Rezept nach Maß und Gewicht. Beim Würzen kommt es vielmehr auf das Geschmacksempfinden, die notwendige Erfahrung, auf Kenntnisse der Gewürze und aufs gute Probieren an.

Grundsätze und Ziele des Würzens

1. Es gilt nicht die Regel: »Viel hilft viel«, d. h. es sollte mild und sorgfältig gewürzt werden, um den Eigengeschmack der Nahrungsmittel besser zur Geltung zu bringen.

2. Die Verwendung von Gewürzen ist von gesundheitsfördernder Wirkung. Ihre z. B. appetitanregenden, verdauungsfördernden Eigenschaften sowie die Zufuhr von Vitaminen (Paprika, Petersilie) sind wesentliche Mittel zur Förderung der gesunden Ernährung. Küchenkräuter, die sehr feinwürzig und vitaminreich sind, sollten deshalb viel häufiger verwendet werden.

3. Farbe, Konsistenz und Haltbarkeit der Lebensmittel werden ebenfalls durch die Verwendung von Gewürzen verbessert. Dies gilt für das Marinieren von Wild- und Fischspeisen ebenso wie für die Verwendung von Würzmischungen für Brathähnchen, Schaschlik, Reisspeisen, Desserts ...

4. Gewürze sind je nach ihrer Würzkraft differenziert zu verwenden. So können zu bitter abgeschmeckte Speisen nicht mehr gerettet werden. Versalzene oder zu scharfe Gerichte können nur schwer und meist auf Kosten des Grundgeschmacks gemildert werden, z. B. durch Rahm, Milch, Wasser oder das Mitkochen von Kartoffeln.

5. Kinder schmecken intensiver, deshalb sind Gewürze, besonders Salz und Essig, sparsam zu verwenden. Da mit 45 Jahren das Geschmacksempfinden sinkt, sollten intensiver Kräuter und verdauungsfördernde Gewürze zu den Speisen gegeben werden.

Von den wichtigsten Küchenkräutern

Küchenkraut	Würzmerkmale	Verwendung
Basilikum (Königskraut)	starkes Aroma, dem Lorbeer ähnlich	in begrenzter Menge verwenden für gedünstete Fleischspeisen, Kräutersoßen, Rohkost
Beifuß	starkes, eigenwilliges, feinbitter-liebliches Aroma	Gänse- und Entenbraten, fetter Schweinebraten
Bohnenkraut	schmeckt scharf, dem Pfeffer ähnlich, brennend	Bohneneintopf, Hülsenfruchteintopf, Bohnengemüse, Hammel- und Schweinefleisch
Dill	würzig, angenehm, arteigen, pikant, leicht brennend, erfrischendes Aroma	Salat, besonders Gurkensalat, Fischspeisen, Mayonnaisesoßen, Quarkaufstrich, Pilze
Estragon	feinduftig, arteigen, intensives Aroma	Salatmarinaden, Kräuteressig, Remouladensoße, Fischspeisen
Liebstöckel (Maggikraut)	kräftig, pikant, der Speisewürze ähnlich	Suppen, Eintöpfe, Fleischspeisen

Küchenkraut	Würzmerkmale	Verwendung
Majoran (Wurstkraut)	feinbitter, sehr aroma- stark	fette Braten, Hülsenfrucht- gerichte, Kartoffelsuppe, Hackfleisch, Wurst, ausgelas- senes Schmalz, Regel: für fette Kost
Petersilie	angenehme Würze, zartes Aroma	sehr beliebtes Küchenkraut für Suppen, Eintopf, Fleisch und Fischgerichte, Gemüse, Salate, Eierspeisen, Soße, Kar- toffelgerichte, Quarkaufstrich, Kräuterbutter
Rosmarin	aromatischer Geruch, herbwürzig, feinbitter	Hammelfleisch, Geflügel, Wild- und Fischmarinaden, Wildbraten, Wildragouts
Schnittlauch	zwiebelartiger, milder Geruch und Geschmack, angenehme Würze	Suppen, Soßen, Eierspeisen, Salate, Quark- und Butter- aufstrich
Thymian	kräftig würzig, leicht bitter, prägendes Aroma	Schweine- und Hammelfleisch, Hackfleischspeisen, würzige Eintöpfe, Ochsenschwanz- suppe, ausgelassenes Schmalz

Von den wichtigsten in- und ausländischen Gewürzen

Gewürze	Würzmerkmale	Verwendung
Anis	stark aromatisch-süßlich	Lebkuchen, Pflaumenmus, Obstsuppen, Rotkohl
Cayennepfeffer (Chilli)	außerordentlich scharf, vorsichtig verwenden	pikante scharfe Soßen, Nationalgerichte

Gewürze	Würzmerkmale	Verwendung
Curry	Gewürzmischung mit unterschiedlicher Schärfe, angenehmes Aroma	Reisgerichte, Geflügel, Salate, Suppen, Soßen
Kapern	schwach bitteres Aroma, pikant milde Würze	Ragouts, Frikassee, Soßen, gemischte feine Salate, Garnituren
Kardamom	starkes Aroma, äußerst sparsam verwenden	Lebkuchen, Stollen
Knoblauch	intensiv, zwiebelähnlich, sparsam verwenden	Suppen, fette Braten, Gulasch, Hammelfleisch, würzige Eintopfgerichte, gegrilltes Fleisch, Salate, Käsefondue
Koriander	lieblich, anisähnliches Aroma	Lebkuchen
Kümmel	herb, kräftig, appetitanregend	Brot, Käse, Quark, Schweinebraten, Hammelfleisch, Gulasch, Hackepeter, Weißkohlgerichte, Rote-Beete-Salat, Kartoffeln
Lorbeerblätter	würzig, leichtbitter, aromatisch	Suppen, Fischsud, Wildmarinade, Wildbraten, Ragouts, dunkle Soßen
Muskatblüte (Macis)	etwas bitter, feinwürziger als Muskatnuß	Lebkuchengewürz
Muskatnuß	kräftig, bitter, würziges Aroma, sparsam verwenden	helle Soßen, Suppen, Kartoffelpüree, Kartoffelbällchen, Blumenkohl, einige Suppenbeilagen, z. B. Eierstich, auch für Lebkuchen
Nelken	sehr kräftig, sorgfältig dosieren	Rotkohl, Wildgerichte, Kürbis, Obstsuppen, Kompott, Pflaumenmus, Lebkuchen

Gewürze	Würzmerkmale	Verwendung
Paprika	Edelsüßpaprika, leuchtend rot, mildwürzig; halbsüßer Paprika ist etwas schärfer, von dunklerer Farbe; Rosenpaprika ist scharf, die Farbe matt; Scharfpaprika ist sehr scharf, die Farbe matt	Frischkostsalate, Soßen, beliebtes Fleischgewürz (Gulasch, Geflügel, Pfann- u. Grillgerichte, Hackfleischspeisen), Käse- und Quarkspeisen. *Achtung!* Ein Gramm Paprikapulver hat einen höheren Vitamin-C-Gehalt als der Saft von 4 Zitronen
Pfeffer	schwarzer Pfeffer, brennend scharf, aromastark, reizt die Schleimhäute; weißer Pfeffer, milder und feiner	geschätztes Gewürz für Fleisch-, Geflügel-, Wild- und Fischgerichte u. v. a. Speisen, auch für Lebkuchen zu hellen Speisen weißen Pfeffer verwenden (Soßen, Marinaden, Salate)
Piment	würziges Aroma, erinnert an Nelken, Zimt und Pfeffer	Marinaden, Fischfond, Fleischgerichte, Wildbraten, Lebkuchen
Vanille	fein, aromatisch, stark duftend (gut verschlossen aufbewahren)	Süßspeisen, Soßen, Suppen, Gebäck. Durch das Einlegen der gespaltenen Schote in Zukker erhält man Vanillezucker
Wacholderbeere	würzig, aromatisch, süßlich-bitter	Marinaden, Wildfleisch, Sauerkraut
Zimt	Kanell-Zimt aus Sri Lanka ist würzig, süßlich und hocharomatisch, Kassia-Zimt aus China und Vietnam ist kräftig, würzig und etwas schärfer und herber	Fruchtsuppen, Kompott, Glühwein, Soßen, Süßspeisen verschiedener Art, Gebäcke (z. B. Spekulatius, Lebkuchen)

Rezeptverzeichnis

Inhaltsverzeichnis

ISBN 3-7462-0275-2

1. Auflage – 2. Teilauflage 1989
Lizenznummer 480/186/89
LSV 6400
Lektorin: Theresia Solf
Printed in the German Democratic Republic
Fotos: Günter Cave, Neustrelitz
Arrangements der Fotos: Regina Prachtl, Neubrandenburg
Gesamtgestaltung: Werner Sroka, Markkleeberg
Satzherstellung: Druckhaus Aufwärts, Leipzig
Druck des Farbteils: Graphischer Betrieb Jütte, Leipzig
Druck des Textteils: Druckwerkstätten Stollberg
Buchbinderische Verarbeitung: Buchbinderei Südwest
00800